Walter Berghäuser

WESTIE

Kosmos

So sind Westies

6 ▶ Allgemeine Beschreibung   9 ▶ Eigenschaften und Bedürfnisse
8 ▶ Entwicklung und Geschichte   10 ▶ Ansprüche an den Halter
9 ▶ Ursprüngliche Verwendung

6

Ein Westie zieht ein

14 ▶ Überlegungen vor dem Kauf   26 ▶ Stubenreinheit
19 ▶ Einen Westie kaufen   26 ▶ Prägung
22 ▶ Grundausstattung   27 ▶ Sozialisierung
23 ▶ Den Westie abholen   28 ▶ Versicherungen
24 ▶ Eingewöhnung

14

Gesunde Ernährung

30 ▶ Grundernährung   33 ▶ Diät
31 ▶ Kauartikel, Snacks   33 ▶ Richtig füttern
32 ▶ Milch, Milchprodukte   35 ▶ Hygiene
32 ▶ Wasser   36 ▶ Verdauung

30

Richtige Pflege

38 ▶ Fell   46 ▶ Augen
39 ▶ Kämmen und Bürsten   46 ▶ Pfoten
40 ▶ Baden   47 ▶ Krallen
41 ▶ Trimmen   47 ▶ Gebiß
45 ▶ Ohren   48 ▶ Afterregion, Genitalien

38

Rundum gesund

50 ▶ Vorbeugung   61 ▶ Herz und Kreislauf
51 ▶ Impfungen   62 ▶ Verdauungstrakt und Harnwege
53 ▶ Kastration   65 ▶ Erbkrankheiten
53 ▶ Scheinträchtigkeit   66 ▶ Alternative Heilmethoden
54 ▶ Parasiten   68 ▶ Erste Hilfe
58 ▶ Haut und Haare
59 ▶ Augen
60 ▶ Atemwege

50

Erziehung leichtgemacht   ▸72

72 ▸ Erziehung – das A und O
75 ▸ Früh übt sich
76 ▸ Komm!
77 ▸ Sitz!
78 ▸ Platz!

79 ▸ Steh!
80 ▸ Bleib!
80 ▸ Aus!
81 ▸ Bei Fuß!
81 ▸ Leinenführigkeit

Freizeitpartner Westie   ▸84

84 ▸ Rücksicht und Vorsicht
88 ▸ Draußen unterwegs
91 ▸ Urlaub mit Westie

93 ▸ Trennung auf Zeit
93 ▸ Spielfreuden
96 ▸ Hundesport

Westies züchten   ▸100

100 ▸ Voraussetzungen
101 ▸ Formalitäten
102 ▸ Zuchthündin
104 ▸ Trächtigkeit

105 ▸ Geburt
106 ▸ Entwicklung der Welpen
108 ▸ Ausstellungen

Service   ▸114

114 ▸ Lexikon
116 ▸ Rassestandard
119 ▸ Literatur, Adressen

120 ▸ Register
123 ▸ Tierpaß
124 ▸ Infoline

So sind Westies

So sind Westies

6 ▶ **Allgemeine Beschreibung**

8 ▶ **Entwicklung und Geschichte**

9 ▶ **Ursprüngliche Verwendung**

9 ▶ **Eigenschaften und Bedürfnisse**

10 ▶ **Ansprüche an den Halter**

▶ Allgemeine Beschreibung

Der West Highland White Terrier ist so harmonisch und formvollendet in seiner Erscheinung, wie ihn kein Designer dieser Welt besser hätte erschaffen können. Das elegante weiße Haarkleid, die schwarze Nase, die dunklen Augen, die unter den buschigen Augenbrauen hervorlugen, die forschen Ohren und die Rute, die selbstbewußt aufrecht getragen wird, machen ihn zu einem wunderbaren kleinen, kompakten und sehr schönen Hund. Welpen aller Rassen sind entzückend, der Westie bekommt jedoch erst als ausgewachsener Hund mit fertigem Haarkleid sein schneidiges Aussehen.

Der West Highland White Terrier, kurz Westie genannt, ist eine Rasse für Kenner. Der Westie hat die Größe, um als »richtiger« Hund respektiert zu werden, ist aber andererseits klein genug,

Der typische Westie sieht erst als ausgewachsener Hund mit fertigem Haarkleid richtig gut aus.

Steckbrief

- ▶ rundlicher Kopf
- ▶ dunkle Augen unter buschigen Augenbrauen
- ▶ schwarze Nase
- ▶ zerzauste Barthaare
- ▶ harsches, weißes Haarkleid
- ▶ ca. 28 cm Schulterhöhe
- ▶ aufmerksam, selbstbewußt, bewegungsfreudig, anpassungsfähig, menschenfreundlich

daß Sie ihn ohne Umstände im Auto mitnehmen oder auch einmal bequem einen Sessel mit ihm teilen können. Der Westie liebt den Aufenthalt im Freien bei jedem Wetter, er fühlt sich aber auch in einer Wohnung wohl. Sein herrliches weißes Fell ist mit Kamm und Bürste leicht zu pflegen, es haart kaum und riecht nicht. Aufmerksam registriert er die kleinste Veränderung in seiner Umgebung; seiner Neugier entgeht nichts, weder ein neues Mauseloch im Garten noch ein neuer Schlüssel in der Tasche seines Besitzers.

WESEN ▶ Westie-Welpen sind kräftig und ausgelassen, voll Lebensfreude, fröhlich und frech. Diese Eigenschaften bewahren sich die Hunde bis ins hohe Alter. Ich habe schon ältere Westies mit 12 oder 13 Jahren beobachtet, die noch übermütig miteinander spielten und sich gegenseitig jagten.

Grundsätzlich ist der Westie lieb, nett und freundlich, aber niemals unterwürfig. Wenn Sie einen sehr ruhigen Hund haben möchten, der Ihnen brav zu Füßen liegen bleibt, sollten Sie sich keinen Westie anschaffen. Ein Westie hat seinen eigenen Kopf: Will er Ihre Aufmerksamkeit erlangen, wird er nicht locker lassen, auf Ihren Schoß klettern und das Buch, in dem Sie gerade lesen, zur Seite schieben. Nur ungern ordnen sich Westies unter, doch ihr ausgeprägtes Selbstbewußtsein ist eine ihrer liebenswertesten Eigenschaften.

FAMILIENHUND ▶ Ein Westie ist kein »Ein-Mann-Hund«, großzügig verteilt er seine Treue und Zuneigung auf die ganze Familie. Temperamentvoll und immer zum Spielen aufgelegt, ist er ein idealer Spielgefährte für Kinder. Frauen

Der Westie verteilt seine Zuneigung großzügig auf alle Familienmitglieder.

Colonel Malcolm of Poltalloch, aus der Grafschaft Argyllshire in Schottland, gilt als der Begründer der Rasse. Er züchtete bewußt nur weiße Terrier zu Jagd-zwecken.

mögen ihn wegen seines unkomplizier-ten Umgangs, seines schmucken Aus-sehens und seiner ansteckenden Fröh-lichkeit. Hartnäckigkeit und Schneid machen ihn jedoch auch zu einem Hund für einen Mann.

Der Westie ist intelligent und lernt schnell. Er ist zu klug, um selbst Streit anzufangen, doch einmal provoziert, wird er einer kleinen Rauferei auch mit einem größeren Gegner nicht aus dem Weg gehen. Westies sind aufrechte Bur-schen mit gutem Charakter. Sie kombi-nieren das typische Wesen eines Ter-riers mit der Optik eines Kuscheltiers.

Wer einen Westie besitzt, braucht keinen großen Hund – der Westie glaubt, er sei einer.

▶   **Entwicklung und Geschichte**

Der heutige Typ des West Highland White Terriers wurde zuerst bei der Familie Malcolm in Poltalloch in Argyllshire gefördert. Diese weißen Terrier wurden ausschließlich für die Arbeit gehalten, und es dauerte Jahr-zehnte, ehe sie farbrein gezüchtet wer-den konnten. Noch bis 1924 konnten weiße Welpen aus Cairn Terrier Würfen als West Highland White Terrier einge-

tragen werden. Auf Gemälden des Tiermalers Edwin Landseer aus dem Jahre 1839 sind bereits West Highland White Terrier zu erkennen. Im Januar 1905 wurde der erste »White West Highland Terrier-Club« in Schottland mit dem Duke of Argyll als Ehren-Präsidenten und Colonel Malcolm of Potalloch als Präsidenten gegründet, um die Zucht dieser Terrierrasse zu fördern. Der erste Standard wurde aufgestellt, der bis heute kaum verändert wurde, auch wenn sich das Erscheinungsbild der Westies, wie die Abbildungen zeigen, gewandelt hat. Von da an verbreitete sich die Rasse allmählich in die ganze Welt. Im Jahr 1910 wurde der erste Westie in ein deutsches Zuchtbuch eingetragen. Die Rasse hatte jedoch bis 1970 in Deutschland kaum eine Bedeutung. Bis 1970 wurden gerade einmal 1752 Hunde in das Zuchtbuch des Klubs für Terrier eingetragen. Doch dann trat der Westie seinen Siegeszug an: 1997 wurde die Zahl 30.000 überschritten.

▶ Ursprüngliche Verwendung

Die Ahnen unserer heutigen Westies wurden vor allem für die Jagd auf Fuchs und Dachs eingesetzt. Ihre Aufgabe war es, diese Tiere aus ihren für den Jäger unzugänglichen Bauten und Höhlen zu treiben oder auch einmal einen Fuchs über längere Strecken zu verfolgen und erst dann Laut zu geben, wenn die Beute gestellt war. Ein in die Enge getriebenes Beutetier verteidigt sich mit aller Kraft. Von den kleinen Terriern war daher viel Mut und Unerschrockenheit gefragt. Die Westies jagten nicht als Fährtensucher an der Leine oder in engem Kontakt mit ihrem Führer, sondern in der Meute. Deshalb mußten sie untereinander sehr verträglich und friedfertig

> ### ▶ Geschichtliches
>
> Seinen Ursprung hat der West Highland White Terrier, wie der Name sagt, im Schottischen Hochland, wo als erstes weiße Terrier weitergezüchtet wurden. Seit 1904 ist er als Rasse anerkannt. Die Hunde setzte man zur Jagd auf Füchse und Dachse ein. Ihre hervorstechenden Charaktermerkmale waren Raubzeugschärfe bei einer gleichzeitig guten Verträglichkeit innerhalb der Meute.

sein. Raubzeugschärfe und ein gleichzeitig umgängliches Wesen waren deshalb die gewünschten Eigenschaften der für die Jagd gezüchteten Westies. Schon Junghunde wurden auf diese Merkmale hin getestet.

Die lange Zuchtauswahl auf diese Eigenschaften hat großen Einfluß auf den heutigen Charakter eines Westies. Er hat ein freundliches, umgängliches Wesen behalten, doch auch der Jagdinstinkt seiner Vorfahren schlummert noch in ihm. Soll er zur Jagd oder ähnlicher Arbeit eingesetzt werden, muß dieser Instinkt geweckt und besonders gefördert werden, wie bei anderen Jagd- und Gebrauchshunden auch.

▶ Eigenschaften und Bedürfnisse

Manche Hundeexperten glauben, der Westie besitze nur die guten Eigenschaften der Terrier, nicht die unerwünschten. Er ist robust, ausdauernd und selbstbewußt, dabei jedoch sehr

Der ursprünglich als Jagdhund gezüchtete Westie liebt Bälle als Beuteersatz.

unkompliziert, aufmerksam, kinderlieb und immer zum Spielen aufgelegt. Spaziergänge in freier Natur liebt er, doch wenn er genug Möglichkeiten zum Toben hat, läßt er sich auch gut in einer Stadtwohnung halten.

Jeder Hund unterscheidet sich von dem anderen, wie auch Menschen sich unterscheiden. Ein Welpe trägt alle Eigenschaften seiner Vorfahren in sich. Wie bei einem gut gemischten Kartenspiel die Wahrscheinlichkeit unendlich gering ist, zweimal das gleiche Blatt zu bekommen, so ist es auch mit den Erbanlagen eines Lebewesens. Es wird nie zwei genau gleiche Individuen mit denselben Merkmalen geben, und so kann ein Westie die verschiedensten Veranlagungen eines typischen Terriers in sich tragen.

Jedes Lebewesen wird jedoch zusätzlich durch seine Umwelt geprägt. Die ersten drei Monate im Leben sind für einen Welpen genauso bedeutend wie die ersten drei Jahre im Leben eines Kindes. Welpen, die in einer Familie aufgezogen wurden, an alle Geräusche im Haushalt gewöhnt sind, die andere Menschen, Kinder und Tiere kennen, gehen in ihr neues Zuhause als sehr gut sozialisierte, umgängliche Familienmitglieder. Dies gilt selbstverständlich nicht nur für Westies, sondern für jeden Hund.

▶   **Ansprüche an den Halter**
So unkompliziert das Zusammenleben mit einem Westie auch ist, sollte man sich doch auch Gedanken darüber machen, was er von seinem Besitzer fordert. Der Westie ist zwar ein kleiner

Überall dabei – mit ihrem fröhlichen Wesen ist das für Westies kein Problem.

Hund, doch steckt in ihm die Energie und das Wesen eines großen. In einer Familie, am besten mit Haus und Garten, wird er sich wohl fühlen. Wenn Sie ihm täglich genügend Bewegung bieten können, ist er aber auch in einer Stadtwohnung der ideale Partner für Sie.

ZEIT ► Nehmen Sie sich Zeit! Für das tägliche Füttern und Spazierengehen sollten Sie pro Tag mindestens eineinhalb Stunden, für die Fellpflege noch einmal eine weitere Viertelstunde rechnen.

KOSTEN ► Neben den Anschaffungskosten (ca. 1.500,– bis 2.000,– DM bei einem guten Züchter) erwarten Sie Kosten für Futter und Zubehör, Versicherung, Hundesteuer und eventuell auch einmal eine größere Tierarzt-Rechnung, die eingeplant werden müssen.

VERANTWORTUNG ► Wer einen Hund hält, übernimmt die Verantwortung für ihn – ein ganzes Hundeleben lang, und dieses kann bei einem Westie gut 15 Jahre oder mehr dauern. Sie müssen sich nicht nur um Futter, Pflege und Bewegung kümmern, sondern auch um seine Sicherheit. Ein Westie-Welpe verlangt den gleichen Sicherheitsmaßstab wie ein Kleinkind. Um ihm unangenehme und schmerzhafte Erfahrungen zu ersparen, sollten Treppen und Balkone gesichert sein. Ein Westie, der regelmäßig länger in der Wohnung bleiben muß, wünscht sich einen Aussichtsplatz an einem Fenster oder einer Balkontür. So kann er an allem Anteil nehmen, was draußen geschieht und es fast so sehr genießen, als wäre er selbst dabei. Das Fenster oder die Tür müssen aber immer gut geschlossen sein, vor allem, wenn sie nicht ebenerdig liegen.

Die größte Einschränkung werden Sie vielleicht empfinden, wenn Sie Ihren Urlaub planen. Hundesitter? Tierpension? Mitnehmen? Dies sind sehr wichtige Überlegungen, denn das neue Familienmitglied ist am liebsten immer und überall dabei. Doch da der Westie an allem Gefallen findet, was

er mit seinem Rudel erlebt, kann er vom Urlaub im Gebirge bis zu Strandferien überall recht problemlos mitmachen. Wenn auch die Unterbringung am Urlaubsort geklärt ist, steht Ferien mit dem Westie nichts im Wege.

Die Anpassungsfähigkeit und seine Prägung als Rudeltier haben es dem West Highland White Terrier ermöglicht, zu dem zu werden, was er heute ist: ein unkompliziertes, fröhliches Familienmitglied, das aktiv am Geschehen in der Familie teilnimmt.

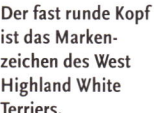

Der fast runde Kopf ist das Markenzeichen des West Highland White Terriers.

Ein Westie zieht ein

Ein Westie zieht ein

14 ▶ **Überlegungen vor dem Kauf**

19 ▶ **Einen Westie kaufen**

22 ▶ **Grundausstattung**

23 ▶ **Den Westie abholen**

24 ▶ **Eingewöhnung**

26 ▶ **Stubenreinheit**

26 ▶ **Prägung**

27 ▶ **Sozialisierung**

28 ▶ **Versicherungen**

▶ Überlegungen vor dem Kauf

Viele Leute sehen in Zeitschriften oder auch in der Fernsehwerbung für Autos, Möbel, ja sogar Waschpulver so einen süßen kleinen weißen Hund mit rundem Kopf und drei schwarzen Punkten darin. Und schon verspüren sie den Wunsch, genau so einen Hund selbst zu besitzen. Diese spontanen Kaufentscheidungen, allein wegen des attraktiven Aussehens, führen in den seltensten Fällen zu einer dauerhaften, glücklichen Mensch-Hund-Beziehung. Es sollte jedem klar sein, daß, wer einen Westie anschafft, die Verantwortung für dieses Lebewesen für die nächsten 10 bis 20 Jahre übernimmt. Nur wer für einen solchen Zeitraum ein zuverlässiger Partner für einen Hund sein kann und will, ist geeignet für eine solche Anschaffung.

VORAUSSETZUNGEN ▶ Bevor Sie sich für die Anschaffung eines Westies entscheiden, denken Sie daran: Es gibt nicht nur Sonnentage. Der Westie fordert Tag für Tag, bei Kälte und Regen, am frühen Morgen und späten Abend seinen Spaziergang, nicht nur, wenn Ihnen danach ist. Sie müssen in der Lage sein, die Hinterlassenschaften Ihres Westies zu beseitigen, vor Ausscheidun-gen dürfen Sie sich nicht ekeln. Früher oder später kommen Sie in Kontakt mit Erbrochenem, Sekreten oder Blutstropfen bei einer läufigen Hündin oder Absonderungen aus dem Penis eines Rüden. Auch einen länger vergrabenen Gegenstand oder eine tote Maus müssen Sie ertragen können.

Denken Sie daran: Ein Hund bringt nicht nur Freude, sondern auch einigen Schmutz ins Haus.

Manche Westies wälzen sich gern einmal in Kot oder Jauche. Jeder Hund hat einmal Blähungen, ältere Hunde bekommen oft Zahnstein und damit unangenehmen Mundgeruch. Ordnungs- und Sauberkeitsfanatiker müssen sich gründlich umstellen, sonst wird der neue Hausgenosse schnell zu einer Belastung, statt wie erwünscht zur Freude.

KOSTEN ▶ Damit Ihr Westie Ihnen nicht schon bald zu einer untragbaren finanziellen Last wird, sollten Sie sich vorher darüber klar werden, daß der Anschaffungspreis nur ein kleiner Teil dessen ist, was ein Hund, egal welcher Rasse, Sie in seinem Leben kostet. Für manchen angeblichen Hundefreund, der aus Mitleid einen Hund aufgenommen hat, endet die Hundeliebe schlagartig, wenn eine größere Tierarztrechnung zu bezahlen ist. Manchem Zeitgenossen, dem der Preis für einen Westie bei einem Züchter zu hoch war und der sich für das scheinbar besonders günstige »Schnäppchen« aus der Tageszeitung entschied, ging erst ein Licht auf, als er den Differenzbetrag an einen Tierarzt zahlen mußte, damit dieser erst einen Hund aus dem armseligen Wesen machte. Von der nur annähernden Ähnlichkeit mit einem Westie ganz zu schweigen.

Der Anschaffungspreis für einen Welpen von einem ordentlichen Züchter hängt selbstverständlich auch etwas von der Region und dem Bekanntheitsgrad des Züchters ab. Wenn Sie jedoch erhebliche Unterschiede feststellen, sollten Sie vorsichtig werden. Keiner verschenkt einen guten Hund. Zum Kaufpreis kommen noch die Fahrtkosten zum Züchter.

Die Grundausstattung – Futter- und Wassernapf, Halsband und Leine, ein Hundekorb, Spielzeug etc. – für einen Hund kann Sie einige hundert Mark kosten. Futterkosten, egal ob Sie Fertigfutter oder selbst zubereitetes Futter verwenden, sind ebenfalls zu bedenken. Als vorsorglicher Mensch werden Sie eine Haftpflichtversicherung abschließen. Ein Westie mit guter Haarqualität soll vierteljährlich getrimmt werden. Jährlich sind Hundesteuer und der Besuch beim Tierarzt zur Schutzimpfung fällig. Fest steht: Ein Hund kostet im Laufe seines Lebens ebenso viel wie ein Kleinwagen.

ZEITAUFWAND ▶ Führen Sie vor der Anschaffung für einige Zeit Buch über Ihren Tagesablauf: Berufstätigkeit mit Hin- und Rückweg, Einkäufe, Partys,

10 wichtige Fragen...

... die Sie alle uneingeschränkt mit »Ja« beantworten sollten.

1   Kann ich mir genügend Zeit für meinen vierbeinigen Partner nehmen, ihm viele Streicheleinheiten geben, mit ihm spielen, spazierengehen, ihn kämmen und bürsten und zum Trimmen bringen?

2   Habe ich das nötige Geld für Anschaffung, Futter, Pflege, Versicherung, Steuer, Tierarzt, Urlaubsbetreuung?

3   Sind meine Lebensumstände so beständig, daß ich auch in absehbarer Zukunft für einen Hund sorgen kann?

4   Darf ich in meiner Wohnung einen Hund halten?

5   Bin ich bereit, für einen Hund auf ein Stück Freiheit und ein paar andere Annehmlichkeiten zu verzichten?

6   Kenne ich eine zuverlässige Person, die sich um meinen Hund kümmert, wenn ich im Urlaub oder einmal krank bin?

7   Will ich mir das nötige Wissen und die Kenntnisse für die artgerechte Hundehaltung aneignen?

8   Bin ich dem Bewegungsbedürfnis eines Westies gewachsen und bereit mit dem Hund bei Wind und Wetter vor die Tür zu gehen?

9   Läßt sich der Schmutz, den ein Hund in die Wohnung bringt, mit meinem Reinlichkeitsbedürfnis in Einklang bringen?

10 Sind alle mit einem Hund einverstanden, und ist niemand in der Familie gegen Hundehaare allergisch?

Westies und Kinder können großartige Spielkameraden werden.

Einladungen, Kino, Theater, Sport, Arzt, Frisör usw. Nun stellen Sie sich die entscheidende Frage, ob Ihnen noch genügend Zeit bleibt, die Sie mit einem Westie teilen können. Ein Westie, der den ganzen Tag untätig in einer Etagenwohnung vor sich hindöst, nur dreimal am Tag für fünf Minuten zum Beinheben vor die Tür geführt wird, dann gnädigerweise mit Ihnen noch ein paar Stunden fernsehen darf und danach schon wieder schlafen soll, führt ein wahres Hundeleben.

FAMILIE ▶ Seine Herkunft und Geschichte als Jagdhund in einer Meute machen den Westie zu einem idealen Familienhund. Je größer seine Menschen-Meute ist, um so wohler wird er sich fühlen. Einen Westie als neues Spielzeug für die Kinder zu Weihnachten anzuschaffen, ist auf jeden Fall die falsche Entscheidung. Mit Sicherheit

werden die täglich damit verbundenen Arbeiten, wie Füttern, Gassigehen, Gesundheitsfürsorge und Pflege schnell zu einer lästigen Pflicht. Nur wenn die gesamte Familie hinter der Anschaffung steht und jeder bereit ist, einen Teil der täglichen Aufgaben zu übernehmen, steht der Aufnahme eines neuen Rudelmitglieds nichts im Wege.

Ebensowenig, wie ein Kind eine zerrüttete Beziehung wieder kitten kann, kann dies ein Tier. Es gibt bereits genügend Hunde, die unter zerrütteten Beziehungen leiden! Alle Hunde haben ein feines Gespür dafür, wenn es in ihrer Umgebung kriselt.

Junge berufstätige Menschen mit eigenem Hausstand sind häufig nicht den Anforderungen an Zeit und Beständigkeit sowie den finanziellen Belastungen gewachsen. Senioren sollten sich fragen, ob sie fit genug für das Energiebündel Westie sind. Auf jeden Fall sollten Sie Vorsorge treffen, falls Sie einmal nicht mehr für Ihren Westie sorgen können.

Versuchen Sie schon in der Planungsphase abzuklären, ob von den Personen, die häufiger mit dem Westie in Kontakt kommen, auch niemand allergisch ist. Lassen Sie im Zweifelsfall einen Allergietest machen.

LEBENSUMSTÄNDE ▶ Ein Westie liebt den Aufenthalt im Freien. Wer ein Einfamilienhaus mit Garten besitzt, der vom Westie täglich durchstöbert und abgesucht werden kann, und dann noch mehrmals täglich kurze Spaziergänge unternimmt, bietet die idealen äußeren Voraussetzungen. Natürlich kann nicht jeder diese idealen Bedingungen bieten, doch deshalb muß niemand auf einen Westie verzichten. Überlegen Sie jedoch, wie Sie Ihren Nachteil ausgleichen können. Es wird alles vielleicht etwas aufwendiger und fordert mehr Phantasie.

Überlegen Sie sich auch vorher, wie Sie in der Regel Ihren Urlaub verbringen. Reisen Sie öfters mit dem Flugzeug in der Haupturlaubszeit an südliche Strände? Das ist keine Erholung für den Westie. Machen Sie sich vor der Anschaffung Gedanken, wo Sie Ihren Westie in dieser Zeit unterbringen können. Nicht jeder hat liebe Eltern oder Großeltern, die jederzeit gerne zur Abwechslung Ihren Liebling in Pflege nehmen.

HÜNDIN ODER RÜDE ▶ Oft wird längere Zeit darüber diskutiert, ob man sich einen Rüden oder eine Hündin anschaffen soll. Die Entscheidung wird dann oft aufgrund von falschen oder obskuren Empfehlungen getroffen. Klar werden sollten Sie sich jedoch über ana-

▶ Um sicher zu gehen ...

bringen Sie giftige oder stachelige Pflanzen außer Reichweite des Welpen.

verstauen Sie Putzmittel und ähnliche Chemikalien unzugänglich für den Westie.

achten Sie darauf, daß keine verschluckbaren Kleinteile herumliegen.

sichern Sie Steckdosen mit Kindersicherungen und verlegen Sie Kabel nicht am Boden.

sichern Sie Treppen, Balkone und Fenster mit Gittern.

machen Sie Ihren Garten ausbruchsicher.

decken Sie Gartenteich oder Swimmingpool ab.

Welcher soll es sein? Lassen Sie sich einfach von Ihrer Sympathie leiten.

> ### Trennungshilfe
>
> Bringen Sie bei einem Ihrer Besuche beim Züchter ein altes Handtuch o. ä. mit, das dann einige Tage im Schlafkorb der Welpen liegen kann. Wenn Sie Ihren Westie zu sich holen, kann er darin seinen »Nestgeruch« mitnehmen. Die Trennung von seiner Hundefamilie wird ihm dann nicht so schwer fallen.

tomische und charakterliche Unterschiede, den Geschlechtstrieb sowie über den Läufigkeitszyklus. Rüden sind meist etwas kräftiger gebaut, dominanter im Verhalten und wollen am liebsten die Führung über das ganze Menschenrudel übernehmen. Hündinnen sind im allgemeinen etwas leichter gebaut und werden mit Cleverneß und Charme versuchen, sich Ihr Rudel zu erziehen. Oft hört man, Hündinnen seien anhänglicher oder verschmuster. Dies ist jedoch falsch. Es gibt genauso anhängliche und verschmuste Rüden. Eventuell entsteht ein solcher Unterschied dadurch, daß die Besitzer mit den Rüden im Welpenalter nicht so viel schmusen, weil sie meinen, diese würden dies nicht genauso genießen wie Hündinnen. Rüden wie auch Hündinnen kämpfen untereinander um ihre Rangordnung. Rüden zeigen ihr Dominanzverhalten gern mit Radau, Drohen und sonstigem Imponiergehabe. Der Unterlegene zeigt mit Demutsgesten an, wenn er genug hat, und geht dem Überlegenen aus dem Weg. Unter Hündinnen können im Extremfall lebenslang Feindschaften bestehen bleiben, die bei jeder kleinen Gelegenheit wieder zu neuen, heftigen Aus-

einandersetzungen führen. Wenn Sie mit zwei Hündinnen zusammenleben wollen, müssen Sie deshalb besonders darauf achten, immer beide gleich zu behandeln und auch den kleinsten Streit von vornherein zu unterbinden.

Hündinnen werden zweimal im Jahr läufig. In dieser Zeit sind sie für Rüden so attraktiv, daß sie oft gleich von mehreren belagert werden. Ein verliebter Westie wird seine gute Erziehung vergessen und jede Chance wahrnehmen, um zu seiner Angebeteten zu gelangen.

Wenn Sie keinen triftigen Grund finden, der für das eine oder andere Geschlecht spricht, können Sie frei nach anderen Gesichtspunkten Ihre Wahl treffen. Behalten Sie bei der Erziehung jedoch die aufgeführten Unterschiede immer im Hinterkopf.

ALTER ▶ Wenn Sie sich einen Westie anschaffen wollen, denken Sie wahrscheinlich an einen Welpen. Ordentlich aufgezogene Welpen sind im Alter von acht bis zwölf Wochen so leicht wie nie mehr an ihr neues Rudel zu gewöhnen, leicht zu erziehen und zu sozialisieren. In diesem Alter sind sie besonders neugierig und lernen spielend alles, was sie später dürfen und was verboten ist. In diesem Alter wiegen jedoch Fehler in der Erziehung und Ernährung besonders schwer. Jetzt folgen die Welpen ihrer »Ersatzmutter« am liebsten auf Schritt und Tritt, stellen allerlei Unsinn an, benagen, was ihnen vor die Schnauze kommt, und bleiben nicht gern allein. Mögliche erbliche Schäden zeigen sich jedoch erst, wenn der Hund ausgewachsen ist und sich schon eingelebt hat.

Ein älterer Westie ist eine »fertige« Persönlichkeit. Er hat das Flegelalter schon hinter sich, kann jedoch auch schon schlechte Erfahrungen gemacht haben und besitzt seine ganz besonderen Eigenheiten. Vorteilhaft ist, daß diese Hunde schon stubenrein sind und meist kaum mehr etwas kaputtmachen. Wer willens ist, auf einen solchen Hund einzugehen, kann sich einige Mühe und Arbeit ersparen, die ein Welpe macht.

TIP

Wenn Sie sich über sein Vorleben
genügend informieren, können
Sie auch mit einem Westie »aus
zweiter Hand« viel Freude haben.

Bevor Sie sich endgültig für einen Westie entscheiden, sollten Sie sich auf jeden Fall die Zeit nehmen und den direkten Kontakt mit erwachsenen Westies suchen. Machen Sie Spaziergänge mit, beobachten Sie das Verhalten in unterschiedlichen Umgebungen. Beurteilen Sie die Rasse nicht nur nach ihrem

äußeren Erscheinungsbild! Sprechen Sie mit anderen Leuten, die schon einen Westie besitzen. Wenn Ihnen diese Vorbereitungen zu aufwendig sind, sollten Sie sich keinen Hund anschaffen.

Nur wenn diese Vorüberlegungen keine Bedenken bei Ihnen aufkommen lassen, sollten Sie Ihren Entschluß, einen Westie zu kaufen, in die Tat umsetzen. Sollten Ihnen Zweifel gekommen sein, stellen Sie die Anschaffung im Interesse des Hundes zurück.

▶ **Einen Westie kaufen**

Sind Sie sich nun sicher, daß es ein West Highland White Terrier sein soll, mit dem Sie die nächsten 15 Jahre verbringen wollen, und daß Sie für einen Westie der richtige Partner sind? Dann sollten Sie nun auf die Suche nach »Ihrem« Züchter gehen.

Leider sind die Unterschiede zwischen seriösem Züchter und professionellem Vermehrer für einen Laien oft schwer zu erkennen.

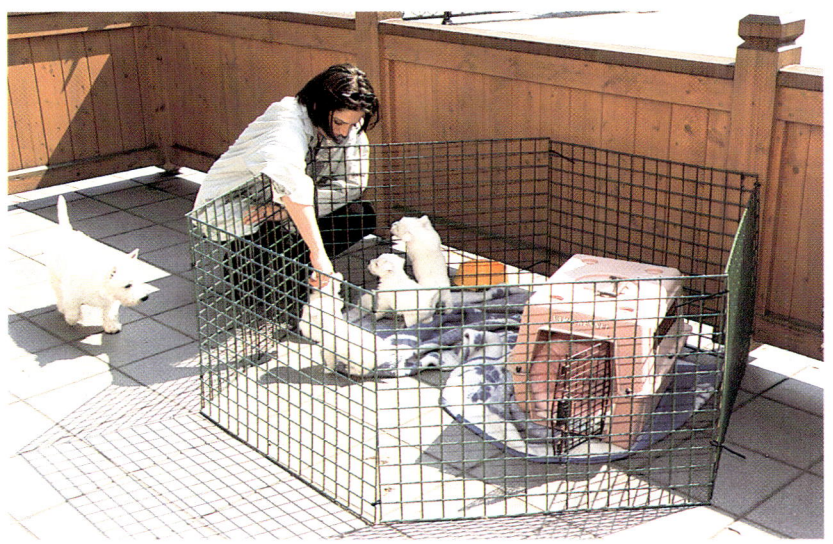

Welpen brauchen bereits beim Züchter viel Abwechslung mit Sonne, Wind und Wetter. Wenn Sie die Kleinen nicht ständig im Auge behalten können, sind sie vorübergehend in einem »Laufstall« sicher aufgehoben.

► Ein seriöser Züchter ...

züchtet nur eine Rasse und besitzt nicht nur Welpen, sondern auch erwachsene Tiere.

hat die Welpen sauber und trocken untergebracht und ermöglicht ihnen engen Anschluß an die Familie.

beschäftigt sich viel mit seinen Welpen, die zutraulich und verspielt sind.

nimmt sich viel Zeit für die Interessenten und freut sich über mehrmalige Besuche.

antwortet bereitwillig auf jede Frage.

stellt auch selbst viele Fragen an den künftigen Halter.

gibt seine Welpen geimpft und entwurmt nicht vor der 8. Lebenswoche ab.

gibt Ihnen einen Futterplan, viele nützliche Tips für den Alltag und hilfreiche Adressen mit und bietet seine Unterstützung in Problemfällen an.

ZÜCHTER ► Gute Züchter haben Zeit, Sie umfassend zu beraten, und geben gern Auskunft, wenn Sie vor dem Abgabetermin die Welpen besichtigen. Diese Züchter ziehen ihre Welpen in trockenen, warmen Räumen auf und gewöhnen sie schrittweise an den Freiauslauf mit unterschiedlichem Boden. Sie nehmen sich die Zeit, sich ausgiebig mit den Welpen zu beschäftigen und mit ihnen zu spielen, weil sie die Verantwortung für die Prägung der Welpen in ihrer ersten Lebensphase ernst nehmen. Sie machen die Welpenkäufer

auch auf eventuelle Abweichungen vom Zuchtstandard aufmerksam und zeigen Ihnen bereitwillig das Wurfabnahmeprotokoll.

Mit Ihrem Züchter besprechen Sie auch schon den Futterplan, den er Ihnen mitgibt, damit Sie rechtzeitig einen kleinen Vorrat des richtigen Futters besorgen können. Auch nachdem Sie den Welpen übernommen haben, steht Ihnen ein verantwortungsbewußter Züchter jederzeit mit Tips und Informationen zur Seite.

Die Aufzucht gesunder Welpen ist alles andere als ein Kinderspiel. Am besten kaufen Sie dort, wo die vorgenannten Bedingungen stimmen, Sauberkeit und Hygiene großgeschrieben werden und Sie mit allen Ihren Ansprüchen willkommen sind. Sie müssen es sich jedoch auch gefallen lassen, daß ein seriöser Züchter Fragen an Sie hat, denn er möchte seine so sorgfältig aufgezogenen Welpen nur in gute Hände abgeben. Wer auf Fragen offen und ehrlich antworten kann, hat nichts zu verbergen. Dies gilt für beide Seiten.

Gute Züchter besuchen mit ihren Zuchttieren außerdem regelmäßig Ausstellungen, um diese von Zuchtrichtern auf die Übereinstimmung mit dem Standard überprüfen zu lassen. Sie kennen von den Eltern der Welpen Vater und Mutter sowie weitere Vorfahren und Geschwister und suchen für ihre Hündin den besten Deckrüden aus.

Natürlich hat ein Welpe aus einer solchen Zucht auch seinen Preis. Doch für einen gesunden, wesensfesten und liebevoll aufgezogenen Welpen, der von Geburt an auf das Zusammenleben mit den Menschen geprägt wurde, lohnt die Investition. Lassen Sie die Finger von »Schnäppchen«, und kaufen Sie auch

Eine solche Liege-
schale ist das idea-
le Bett für einen
Westie.

keinen Welpen aus Mitleid von einem
Massenzüchter. Jeder Kauf bei einem
Hundehändler macht Platz für die näch-
ste bedauernswerte Kreatur.

VERBÄNDE ▶ Gute Züchteradressen
erfahren Sie in Deutschland vom Klub
für Terrier e.V. (KfT), der Mitglied im
VDH (Verband für das Deutsche Hundewesen) ist. In Österreich können Sie
sich an den ÖKV (Österreichischen Ky-
nologenverband), in der Schweiz an die
SKG (Schweizerische Kynologische Gesellschaft) wenden (alle Adressen im
Anhang). Mitglieder dieser Verbände
dürfen nur mit wesensfesten und gesunden Hunden züchten, die in ihrem
Erscheinungsbild die typischen Merkmale der Rasse besitzen. Sie müssen
sich den strengen Regeln und Vorschrif-
ten dieser Verbände unterwerfen, in denen das Mindest- und Höchstalter, die
Zuchtpausen sowie die Zuchtvorausset-
zungen für jeden einzelnen Hund ver-
bindlich festgeschrieben sind.

Über jeden so gezüchteten Wurf wird
bei der Endabnahme mit frühestens acht
Wochen ein Protokoll erstellt, in dem die
Kondition jedes Welpen und der Er-
nährungs- und Futterzustand von Mutter und Welpen, die regelmäßigen Entwurmungen sowie die Schutzimpfun-
gen festgehalten werden. Bei Verstößen
gegen die Zuchtbestimmungen werden
dem Züchter Auflagen gemacht, bei
schweren Fällen kann dieser sogar aus
dem Verband ausgeschlossen werden.

WANN KAUFEN ▶ Für die Überlegung,
wann Sie sich Ihren Westie ins Haus
holen wollen, ist die Jahreszeit nicht der
entscheidende Faktor. Selbstverständlich ist es angenehmer für Sie, wenn es
draußen warm und trocken ist, wenn
Sie mit Ihrem Welpen frühmorgens
oder noch spätabends nach draußen gehen müssen, damit er sich lösen kann.
Für einen Hundebesitzer gilt ohnehin:
Es gibt kein schlechtes Wetter, nur die
falsche Kleidung. Viel wichtiger für den

Einkaufsliste Grundausstattung

☐ standfester Futter- und Wassernapf

☐ verstellbares Halsband mit Adreßanhänger

☐ reißfeste Leine

☐ Flexi-Leine (5m)

☐ Schlafkorb mit waschbarer Einlage

☐ Kämme und Bürste

☐ Spielzeug (z.B. Quietscher, Bälle, Kong, Seil-knoten)

☐ Kauartikel (Büffelhautknochen, Hunde-kuchen)

☐ Zeckenzange

☐ Futter für die ersten Tage

Zeitpunkt der Anschaffung ist es, daß Sie mehr freie Zeit zur Verfügung haben als sonst, daß nicht gerade eine Party oder ein Kindergeburtstag ansteht oder Sie gerade eine Urlaubsreise planen, bei der Sie Ihren Westie nicht mitnehmen können.

▶ Grundausstattung

Treffen Sie einige Vorbereitungen, bevor Sie Ihren Welpen beim Züchter abholen. Nun ist es an der Zeit, daß Sie konkret festlegen, wo Ihr Westie in der Wohnung schlafen und wo er gefüttert werden soll. Außerdem sollten Sie nun Ihre Wohnung welpensicher machen. Haben Sie einen eigenen Garten, in dem der Westie herumstöbern kann?

Dann sollten Sie die Grenzen abschreiten und den Zaun auf Ausbruchsicherheit testen. Daß Sie auf den Einsatz von Giften in Ihrem Garten verzichten, ist selbstverständlich. Und Sie müssen nun die nötige Grundausstattung für Ihren Vierbeiner kaufen.

DAS WICHTIGSTE ▶ Machen Sie sich einen Einkaufszettel (oder benutzen Sie die Einkaufliste links), damit Sie bei dem großen Angebot nicht zuviel Unnötiges anschaffen, andererseits auch nicht das unbedingt Notwendige vergessen. Manches kann auch später noch hinzugekauft werden, wenn Sie Ihre ersten eigenen Erfahrungen gesammelt haben. Sie können auch bei einem Besuch Ihres Züchters Ihren Einkaufszettel mitnehmen und mit ihm besprechen, was wirklich wichtig ist. Auch hier kann dieser Ihnen noch wertvolle Tips geben.

Auf jeden Fall brauchen Sie mindestens einen leicht zu reinigenden Futter- und einen Wassernapf.

Außerdem benötigen Sie Halsband und Leine. Nehmen Sie eine leichte, jedoch reißfeste Leine. Das Halsband sollte möglichst verstellbar sein, damit es »mitwachsen« kann. Zusätzlich empfiehlt sich eine aufrollbare Leine mit Rückspulautomatik (»Flexi-Leine«). Für den Notfall, falls Ihr Westie trotz aller Fürsorge einmal abhanden kommt, sollte er immer Ihre Adresse in einem kleinen Behälter am Halsband tragen. Als Schlafplatz empfehle ich Ihnen einen welpengerechten Hundekorb aus speziellem Kunststoff mit einer weichen Einlage, die waschbar sein sollte.

PFLEGEUTENSILIEN ▶ Auch wenn Ihr Welpe noch nicht so dichtes Haar hat wie ein erwachsener Westie, sollten Sie ihn vom ersten Tag an die regelmäßige Fellpflege gewöhnen. So wird dies später auch beim erwachsenen Hund nicht zum nervtötenden Zweikampf und es ist gleichzeitig eine gute Unterordnungsübung. Besorgen Sie sich zwei Stahlkämme, einen mit einem Millimeter und einen mit drei Millimetern Zinkenabstand, sowie eine kleine Rupfbürste; wenn Sie möchten, gleich noch eine mittlere, damit geht es beim erwachsenen Hund etwas schneller.

Wenn Sie Zecken nicht mit den Fingern entfernen wollen, empfiehlt sich eine Zeckenzange, mit der diese Prozedur auch meist einfacher und sicherer geht.

SPIELZEUG ► Ihr Westie-Welpe wird Ihre Teppichränder, die Stuhl- und Tischbeine sowie Ihre Schuhe verschonen, wenn Sie ihm genügend attraktives Kauspielzeug aus Büffelhaut, Hartgebäck oder Trockenfleisch anbieten. Achten Sie bei den Büffelhautprodukten auf Qualität, damit der Welpe nicht zu leicht große Stücke abbeißen kann, die dann auf einmal verschlungen werden und in der Speiseröhre steckenbleiben.
Spielzeug aller Art ist die beste und schönste Beschäftigungstherapie und gleichzeitig nützlich bei der Erziehung. Begehrt sind verschiedene Bälle aus Latex und die unterschiedlichsten Quietscher aus dem gleichen Material. Sehr empfehlen kann ich auch die Seilknoten, mit denen sich so schön Beutezerren und Apportieren üben läßt und die dabei gleich das Gebiß reinigen. Ob Sie noch weiteres Zubehör anschaffen, hängt von Ihrer Lebensweise und Ihrem Geldbeutel ab. Der Fachhandel bietet eine riesige Auswahl.

Der Abschied von einem mit viel Liebe aufgezogenen Welpen fällt manchem Züchter schwer.

► Den Westie abholen

Fahren Sie mindestens zu zweit zur Abholung, damit einer, am besten die künftige Hauptbezugsperson, sich mit dem Welpen auf den Rücksitz des Autos setzen kann. Holen Sie Ihren Welpen an einem Tag ab, an dem möglichst alle Mitglieder der Familie zu Hause sind und genügend Ruhe und Zeit haben. So kann der Welpe sein ganzes neues Rudel kennenlernen, und er wird seine Mutter und Geschwister nicht allzusehr vermissen. Auf jeden Fall sollten Sie mit Ihrem Welpen so früh am Tag zu Hause eintreffen, daß er sein neues Zuhause noch ausgiebig erkunden kann, damit er dann in einer schon etwas vertrauten Umgebung zufrieden schlafen kann. Der Züchter wird Ihnen das gewohnte Futter für die nächsten Tage mitgeben, damit Sie den Welpen nicht sofort umstellen müssen. Außerdem bekommen Sie einen Futterplan mit Tips für die Ernährung in nächster Zeit. Für den Schlafplatz zu Hause lassen Sie sich das Stückchen Decke, Handtuch oder ähnliches mitgeben, das Sie bei Ihrem letzten

Ein gesunder Welpe

- ▶ Augen und Nase sind sauber.
- ▶ Die Zähne sind weiß und gleichmäßig gewachsen.
- ▶ Die Pfoten sind gerade und kräftig.
- ▶ Seine Haut ist sauber, ohne Krusten oder rötliche Flecken.
- ▶ Bei Rüden sind die Hoden tastbar.
- ▶ Der Kot ist gut geformt.
- ▶ Er ist bereits entwurmt und gegen Staupe, Hepatitis, Leptospirose, Parvovirose und Zwingerhusten geimpft.

Besuch abgegeben hatten und das nun den vertrauten Geruch angenommen hat. Sie erhalten auch den Impfpaß des Welpen, in dem die bisherigen Impfungen eingetragen sind und der nächste fällige Impftermin vermerkt ist. Der Züchter informiert Sie auch über die nötigen Entwurmungen. Die nächste ist spätestens vor der Nachimpfung fällig.

KAUFVERTRAG ▶ Auch wenn der Kauf und die Übergabe eine Entscheidung des Herzens ist, sollte auf jeden Fall ein schriftlicher Kaufvertrag ausgestellt werden, der die beiderseitigen Rechte und Pflichten festhält. Alle diese Formalitäten können Sie besser auch schon bei einem Besuchstermin vorher regeln, damit Sie sich am Abholtag auf Ihren Welpen konzentrieren können. Wenn alles geregelt und besprochen ist, nehmen Sie mit Ihrem Welpen auf dem Rücksitz des Autos Platz und bitten den Fahrer um besonders vorsichtige Fahrweise,

damit der Welpe diese erste Fahrt mit Ihnen in angenehmer Erinnerung behält.

▶   Eingewöhnung

Mit Ihrer Familie haben Sie sicher schon tagelang vorher abgestimmt, was Sie Ihrem Welpen erlauben und was nicht. Nun müssen Sie sich konsequent daran halten, keiner sollte Ausnahmen machen, auch wenn der kleine Welpe noch so süß ist.

Sie würden Ihren Welpen total verwirren, wenn Sie ihm zuerst alles erlauben, was Sie später nicht dulden. Ihr Westie wäre nicht der erste, der sich seine Familie so erzieht, wie er sie haben will. Das beginnt mit der Ankunft bei Ihnen zu Hause. Bereiten Sie dem Welpen keinen Staatsempfang mit der gesamten Familie, den Freunden und Freundinnen der Kinder und den Nachbarn! Was der Welpe zunächst braucht, ist Ruhe und so wenig fremde Men-

Am besten holen Sie Ihren Westie zu zweit ab. Dann kann einer während der Fahrt den Hund auf dem Schoß halten.

Alleine bleiben

Üben Sie mit Ihrem Welpen vom ersten Tag an auch das Alleinbleiben. Verlassen Sie öfter das Zimmer, in dem der Welpe beschäftigt ist, und erledigen Sie bei offener Tür etwas im Nachbarzimmer. Später schließen Sie die Tür hinter sich. Dehnen Sie die Zeiten Ihrer Abwesenheit allmählich aus. Denken Sie von Anfang an daran, daß es Situationen und Anlässe gibt, zu denen Sie Ihren Westie nicht mitnehmen können und er dann zu Hause besser aufgehoben ist.

schen wie möglich, damit er sich zuerst einmal in seiner neuen Umgebung orientieren kann.

ERSTE STUNDEN ▶ Lassen Sie Ihren Welpen seine neue Umgebung zunächst einfach selbst entdecken. Beobachten und lenken Sie ihn dabei nur ganz behutsam. Zeigen Sie ihm, wo er Wasser findet und wo er sich lösen darf. Viele Züchter arbeiten mit Zeitungen als Hundetoilette. Wenn das der Fall war, legen Sie an einer günstigen Stelle Zeitungen aus. Diese wird er dankbar zwischendurch benutzen. Zeigen Sie ihm jedoch auch schnellstmöglich die Wiese im Garten. Falls es gleich klappt, sofort überschwenglich loben. Ganz wichtig ist natürlich, daß Ihr Welpe von Anfang an seinen Namen hat. Es kann, muß aber nicht der Name sein, den der Züchter ihm gegeben hat und der auch auf der Ahnentafel steht. Er sollte möglichst zweisilbig sein und sich in erster Linie gut rufen lassen.

Zeigen Sie dem Welpen seinen Schlafplatz mit der vom Züchter mitgebrachten Decke darin. Er wird sich an der Duft erinnern und sich zu Hause fühlen. Nach ein bis zwei Stunden bieten Sie dem Welpen eine kleine Mahlzeit an. Von all diesen vielen neuen Eindrücken überwältigt, kann es sein, daß er müde wird und sich irgendwo zum Schlafen hinlegt.

Lassen Sie den Kleinen nicht ganz alleine. Wenn er wieder aufwacht, sollten Sie in seiner Nähe sein. Denken Sie daran, daß er noch nie alleine war. Ein weiterer Vorteil, wenn Sie beim Aufwachen in seiner Nähe sind: Mit Sicherheit muß er sich nun lösen. Das ist die Gelegenheit, ihn sofort wieder zum Löseplatz zu führen. Macht er dort sein Geschäft, wird er prompt wieder kräftig gelobt.

ERSTE NACHT ▶ Die ersten Stunden mit Ihrem Westie vergehen wie im Fluge. Bleiben Sie ruhig etwas länger auf als üblich, bis Ihr Welpe schön müde ist und sich von selbst zur Ruhe legt. Gut ist es, wenn sich sein Schlafplatz in Hör- und Sichtweite Ihres Bettes befindet. Bewährt hat es sich, sein Körbchen im Flur vor Ihrem Schlafzimmer, in einer ruhigen zugfreien Ecke aufzustellen, wohin er sich auch schon tagsüber zurückziehen konnte. Legen Sie in der Nähe Zeitungen als Hundeklo aus, so kann er sich in der Nacht notfalls dort erleichtern.

Selbstverständlich wird Ihr Welpe es genießen – und Sie werden es vielleicht auch als schön empfinden –, wenn Sie den Kleinen mit in Ihr Bett nehmen und er sich an Sie kuschelt. Sie sollten dabei jedoch bedenken, daß Ihr Westie ein Terrier ist und kein Menschenbaby. Ihr Westie hat seine Arbeitskleidung

Bringen Sie Ihren Welpen regelmäßig zum Lösen nach draußen.

nehmen können, um so schneller wird Ihr Welpe stubenrein. Die Erziehung zur Sauberkeit besteht hauptsächlich darin, Ihren Welpen gut zu beobachten und ihn, sowie er anfängt am Boden intensiv zu suchen, sofort nach draußen an den bekannten Platz zu bringen. Eine gute Faustregel ist: Der Welpe muß immer kurz nach dem Aufwachen und nach jeder Mahlzeit.

TIP

Wenn Sie trotz aller Aufmerksamkeit einmal auf eine Hinterlassenschaft stoßen, beseitigen sie diese gründlich, ohne den Welpen zu schimpfen, denn Sie waren es, der nicht genügend aufgepaßt hat.

immer an, Tag und Nacht, und kann diese nicht ausziehen. Wenn Sie später spät abends noch einmal eine Runde mit ihm gelaufen sind und er vielleicht schmutzig oder naß ist, wollen Sie ihn dann auch noch im Bett haben? Dann wird ihr Hund jedoch nicht verstehen, warum er das als Welpe durfte und nun nicht mehr. Ein weiterer wichtiger Grund, warum ein Westie nicht ins Bett gehört, ist, daß seine normale Hautfunktion gestört wird, wenn er ständig zu warm gehalten wird. Geben Sie Ihrem Westie also von Anfang an seinen eigenen Schlafplatz in einer kühlen Umgebung.

STUBENREINHEIT ▶ Wenn Sie einen leichten Schlaf haben, so ist dies jetzt ein Vorteil. Sie können dann nämlich beim ersten Geräusch am Morgen mit Ihrem Westie den Löseplatz aufsuchen. Bleiben Sie so lange mit ihm draußen, bis er sich auch wirklich gelöst hat und nicht die Hälfte wieder mit zurück ins Haus nimmt. Er sollte dabei nicht abgelenkt sein, da er sonst schnell vergißt, daß er eigentlich Pippi machen muß.

Je mehr Zeit Sie sich in den ersten Tagen und Wochen für Ihren Welpen

▶ **Prägung**

Von Beginn an sollte der Westie viel Kontakt zur gesamten Familie, seinem neuen Rudel, haben, damit er lernen kann, wer »dazugehört« und wie die Rangordnung ist. Sorgen Sie für eine ruhige Atmosphäre ohne Hektik, um das kleine Fellbündel nicht zu überfordern. Halten Sie die von Ihrem Züchter angegebenen Fütterungszeiten ein. Nach jeder Mahlzeit zeigen Sie Ihrem Welpen erneut die Stelle, wo er sich lösen darf. Zwischendurch beschäftigen Sie sich mit Ihrem Westie und spielen mit ihm.

Fast alle Welpen kneifen ihre Mitspieler recht kräftig und für uns unangenehm mit ihren spitzen Zähnen in die Hände. Der Welpe war es bisher vom Spiel mit seiner Mutter und den Geschwistern gewöhnt, daß die Haut mit Fell bedeckt und dadurch geschützt ist. Deshalb muß er erst lernen, daß es Ihnen weh tut, wenn er etwas unsanft

Ein gut sozialisierter Welpe weiß, daß Katzen Mitglieder des Rudels sind.

mit Ihren Händen umgeht. Äußern Sie sich ruhig lautstark, seine Geschwister haben auch gejault, und seine Mutter hat geknurrt, wenn es ihnen zuviel wurde.

▶ Sozialisierung

Das Spielen ist allen Hunden angeboren und hat eine sehr wichtige Funktion. Im Spiel lernt der Welpe bereits ab seiner vierten Lebenswoche, was er für sein späteres Leben braucht. Es liegt in Ihrer Hand, den Spieltrieb Ihres Westies zu fördern und für seine Erziehung zu nutzen.

Vergessen Sie jedoch nie, der Welpe wird, genau wie ein Kind, selten zugeben, daß er müde ist. Bestimmen Sie Zeitpunkt und Dauer des Spiels. Nach dem Füttern sollten Sie die Spiellust Ihres Welpen bremsen. Zuerst lösen an der gewohnten Stelle, dann ein Verdauungsschlaf, danach wieder zum Lösen. Nun erst sind Sie als Spielpartner gefragt! Sie müssen Hundemutter und

▶ Prägung

Prägung nennt man den Lernprozeß in einer frühen Entwicklungsphase, wobei sich das Gelernte besonders schnell und dauerhaft einprägt. Die ersten drei Lebensmonate sind deshalb für einen Welpen besonders wichtig. In dieser Zeit muß er so viele Erfahrungen wie möglich sammeln, die für sein gesamtes Leben notwendig sind. Ermöglichen Sie Ihrem Westie in dieser sensiblen Phase Kontakte mit vielen Menschen, anderen Hunden und neuen Situationen. Sie sind wichtig, um aus Ihrem Welpen einen selbstsicheren und umgänglichen Hund zu machen.

Geschwister ersetzen. Sehr beliebt sind die diversen Quietscher, die Sie über den Boden kullern können, oder Wettziehen mit dem Seilknoten. Nutzen Sie den Spieltrieb für erste Erziehungsübungen. Sagen Sie beispielsweise »Sitz«, wenn sich Ihr Welpe gerade zufällig setzt. Im Spiel mit seinem »Rudel« wird er die Erziehung als etwas Angenehmes empfinden.

TIP

Denken Sie daran, Ihren Welpen auch mit anderen Tieren wie Katzen, Geflügel, Pferden usw. vertraut zu machen.

Es ist wichtig für den Welpen, daß er, sobald er sich an Sie gewöhnt hat, viele positive Kontakte zu möglichst vielen Menschen, Erwachsenen und Kindern,hat, damit er später Fremden gegenüber gelassen bleibt. Lassen Sie ihn die verschiedensten Situationen erleben, in die er im Laufe seines Lebens kommen kann. So wird er auf Neues gelassen reagieren. Ebenso wichtig ist es, daß er viel Umgang mit anderen Hunden pflegen kann. Er freut sich, wenn er sich bei anderen durchsetzt, erkennt aber auch, daß er unterliegen kann und sich »ergeben« muß. Diese Regeln des richtigen sozialen Verhaltens kann er nur von anderen Hunden lernen und mit ihnen üben. Gehen Sie Begegnungen mit anderen Hunden nicht aus dem Weg, und nehmen Sie Ihren Welpen auf keinen Fall aus übertriebener Vorsicht auf den Arm. Ihr Welpe würde sich die Situation einprägen und bei späteren Begegnungen verunsichert reagieren. Mit der Zeit werden Sie die Hunde und Ihre Besitzer kennenlernen, denen Sie täglich begegnen, und wissen, mit wem Sie und Ihr Westie gern Kontakte pflegen.

WELPENSPIELTAGE ▶ Sehr hilfreich für eine gute Sozialisierung sind auch Welpenspieltage, die von manchen Züchtern oder örtlichen Hundevereinen organisiert werden. Hier erfahren Sie und Ihr Welpe unter fachlicher Anleitung, wie sich ein Westie anderen Hunden und fremden Personen gegenüber verhalten sollte. Dort kann nicht nur Ihr Welpe viel lernen, auch Sie können im Gespräch mit anderen Hundebesitzern Ihr Wissen erweitern. So sammeln Sie und Ihr Westie von Tag zu Tag neue wertvolle Erfahrungen.

Außerdem sollten Sie schon dem Welpen beibringen, daß Wild tabu ist und es sich für ihn nicht lohnt, danach zu jagen.

Durch diese vielfältigen Begegnungen wird Ihr Welpe nach und nach zu einem gut sozialisierten, selbstsicheren Hund, was jeden Westie ausmachen sollte.

▶ Versicherungen

Jeder Hundebesitzer sollte sich mit seinem Hund immer so verhalten, daß er nicht zu einem Ärgernis für andere wird. Er sollte entsprechende Vorsorge treffen, daß sein Hund bei anderen keinen Schaden anrichten kann. Durch eine gute Sozialisierung und Erziehung Ihres Hundes können Sie dazu beitragen, daß Sie mit ihrem vierbeinigen Freund überall gern gesehen sind.

Doch auch bei größter Vorsorge und noch so guter Erziehung kann einmal ein Schaden entstehen, der von Ihrem Westie verursacht wurde. Eine Hundehaftpflichtversicherung, die am Übernahmetag wirksam wird, sollte für jeden Hundebesitzer deshalb selbstverständlich sein.

Gesunde Ernährung

Gesunde Ernährung

30	▶ Grundernährung	33	▶ Diät
31	▶ Kauartikel, Snacks	33	▶ Richtig füttern
32	▶ Milch, Milchprodukte	35	▶ Hygiene
32	▶ Wasser	36	▶ Verdauung

▶ Grundernährung

Hunde haben im Laufe ihrer Domestikation zunehmend den Instinkt dafür verloren, was für sie gesund ist und was nicht, und so nehmen sie am liebsten das zu sich, was ihnen am besten schmeckt. Es ist Ihre Aufgabe, Ihrem Westie das zu füttern, was er braucht und gut für ihn ist. Für die Fütterung von Hunden gibt es jedoch kein allein richtiges Rezept. Das Futter muß dem Alter, den Lebensumständen und dem Gesundheitszustand angepaßt sein.

SELBST KOCHEN ▶ Selbstverständlich können Sie das Idealfutter für Ihren Westie selbst zusammenstellen. Wenn Sie dies tun wollen, müssen Sie sich vorher sehr gründlich über die Ernährungsbedürfnisse eines Hundes informieren und dürfen auch den Zeitaufwand für das Einkaufen und Zubereiten nicht außer acht lassen.

Gesünder und auch viel praktischer füttern Sie Ihren Westie mit hochwertiger, ausgewogener Fertignahrung. Das heute angebotene Fertigfutter enthält alles, was ein Hund braucht. Lassen Sie sich zusätzlich von Ihrem Züchter, Ihrem Tierarzt oder in einem guten Fachgeschäft beraten, welche Futtermittel für Ihren Westie gerade richtig sind.

VOLLNAHRUNG ▶ Für die Grundernährung sollten Sie auf ein Alleinfuttermittel, auch als Vollnahrung bezeichnet, zurückgreifen. Es stellt die optimale Versorgung Ihres Westies mit allen wichtigen Nährstoffen sicher, ohne daß in irgendeiner Form zugefüttert werden muß.

Alle Alleinfuttermittel bestehen aus einer ausgewogenen Mischung von Eiweiß (Protein), Fett, Kohlehydraten, Vitaminen, Spurenelementen und Ballaststoffen. Sie sind als Trocken-, Halbfeucht- und als Feuchtfutter (Dosenfutter) erhältlich, die sich vor allem in ihrem Feuchtigkeitsgehalt unterscheiden.

Trockenfutter hat einen Feuchtigkeitsanteil unter 10%, Halbfeuchtnahrung 20 bis 25 %, gute Dosennahrung kann bis 76% Feuchtigkeitsanteil haben. Trockenfutter ist also im Vergleich ein Konzentrat, bei dem Sie an Menge wesentlich weniger füttern wie an Naßfutter. Achten Sie auf die Herstellerangaben auf der Verpackung. Sämtliche Inhaltsstoffe und auch die empfohlene Tagesmenge für einen Hund in Westie-Größe sollten darauf ausgewiesen sein. Kaufen Sie keine Produkte, die künstliche Farbstoffe oder Konservierungsstoffe enthalten.

ERGÄNZUNGSFUTTER ▶ Ergänzungs-
futtermittel sind z.B. reine Fleischpro-
dukte in Dosen, Gemüse- und Getreide-
flocken, Vitamin- und Mineralstoff-
präparate. Sie können untereinander
kombiniert werden. Hierbei müssen Sie
genau darauf achten, daß Sie für Ihren
Westie wieder eine ausgewogene Mischung zusammenstellen. Nahrungszu-
sätze sind bei der Fütterung mit Vollnahrung nicht notwendig. Eine Über-
dosierung von Vitaminen kann sogar zu
gesundheitlichen Schäden führen.

SPEZIALFUTTER ▶ Besondere Lebensumstände verlangen ein spezielles Futter.
Das beginnt bei Welpen, die einen erhöh-
ten Eiweiß-, Vitamin- und Mineralstoff-
bedarf haben, geht weiter über den Junghund in seiner Sturm-und-Drang-Phase,
den erwachsenen Hund, mit dem Sie
vielleicht Sport treiben, der auch einmal
krank sein kann, bis zur Hündin während der Trächtigkeit und ab dem achten
Lebensjahr etwa dem alternden Hund, der
noch lange fit bleiben soll. In allen diesen
Situationen müssen Sie von der normalen Fütterung abweichen und Ihren Westie auf ein Spezialfutter umstellen.
Da jede Futterumstellung zu Problemen
führen kann, sollten Sie diese behutsam
angehen. Fangen Sie damit an, daß Sie
ein Viertel bis ein Drittel des bisherigen
Futters durch das neue Futter ersetzen.
Den Anteil des neuen Futters erhöhen
Sie nun jeden zweiten Tag um etwa
10%, bis Sie Ihren Westie ganz auf das
neue Futter umgestellt haben.

▶ Kauartikel, Snacks

Welpen benagen alles, was ihnen in die
Quere kommt, besonders intensiv während des Zahnwechsels. Doch auch für
erwachsene Hunde ist das tägliche

Kauknochen aus Büffelhaut dienen der Beschäf-
tigung und auch der Zahnpflege.

Nagen zur Pflege von Zähnen und
Zahnfleisch sehr wichtig – und oft ein
willkommener Zeitvertreib. Bieten Sie
Ihrem Westie Büffelhautknochen, Rin-
derklauen oder Ochsenziemer an. Kno-
chen zum Nagen sind jedoch tabu.
Wichtig bei allen Kauartikeln ist, daß keine größeren Teile absplittern, die dem
Hund im Hals steckenbleiben könnten
oder so spitz sind, daß sie ihn verletzen.
Vergessen Sie nicht: Auch Kauartikel
enthalten Kalorien, die man bei der täglichen Futtermenge berücksichtigen muß.

▶ Das dürfen Sie nicht füttern

rohes Fleisch
Rohes Schweinefleisch kann die tödlichen Aujeszky-Viren (Pseudowut) enthalten. Aber auch Rindfleisch kann, wenn es beim Metzger mit infiziertem Schweinefleisch in Berührung kam, diese Krankheit übertragen.

Knochen
Sie führen zu Verstopfung. Außerdem können beim Nagen scharfe Splitter abspringen und innere Verletzungen verursachen.

rohes Ei
Hier besteht Salmonellengefahr. Rohes Eiweiß verhindert außerdem die Aufnahme des lebenswichtigen Biotins.

Milch
Der enthaltene Milchzucker kann nicht verdaut werden, es kommt zu Durchfall.

Hülsenfrüchte
Sie verursachen schmerzhafte Blähungen und sind in rohem Zustand giftig.

Essensreste, Schokolade, Süßigkeiten
Menschennahrung hat im Hundenapf nichts verloren. Sie macht dick und kann zu Gesundheitsschäden führen.

Das Angebot an Hundekuchen und Leckereien aller Art ist schon überwältigend, und es kommt immer mehr hinzu. Manches davon ist sinnvoll zur Gebißreinigung oder gut für den jungen Hund zur Befriedigung des Kaubedürfnisses. Viele sind jedoch Dickmacher und weder nötig noch ernährungsphysiologisch ausgewogen und sinnvoll. In jedem Fall müssen Sie die Kalorien bei der Tagesration mitrechnen, und oft sind die kleinsten Häppchen die größten Kalorienbomben. Bekommt Ihr Westie im Laufe des Tages zusätzlich zur normalen Futterration immer wieder seine Leckerli, dann müssen Sie sich nicht wundern, wenn er bald dick und faul wird. Viel gesünder ist es, wenn Sie zur Belohnung kleine Happen von der täglich vorgesehenen Ration Vollnahrung geben.

▶ Milch, Milchprodukte
Milch sollten Sie Ihrem Westie nicht geben. Der darin enthaltene Milchzucker kann nicht verdaut werden und führt bei den meisten Hunden zu Durchfall. Nicht zu fetter Quark, Yoghurt und Hüttenkäse sind dagegen sehr gut bekömmlich. Diese Milchprodukte eignen sich auch als Diätfutter und wirken sich positiv auf die Darmflora aus.

▶ Wasser
Wasser ist für ihren Westie ein lebensnotwendiger Stoff. Wenn er mehr als 15% seines Körpergewichts an Wasser verliert, kann dies tödlich sein. Ihr Westie scheidet ständig Feuchtigkeit über Harn und Kot, den Schweiß, die Hautatmung und beim Hecheln aus. Darum muß Ihrem Westie immer Frischwasser in Trinkwasserqualität frei zur Verfügung stehen, das aber nicht zu kalt sein darf. Den Wassernapf sollten Sie mindestens zweimal täglich frisch füllen. Wenn kein gutes Leitungswasser zur Verfügung steht, eignet sich auch sehr gut stilles, natriumarmes Mineralwasser. Destilliertes Wasser dürfen Sie auf keinen Fall geben. Nehmen Sie immer genug frisches Wasser mit, wenn Sie mit Ihrem Westie unterwegs sind, damit er seinen Durst niemals aus Pfützen, Gräben, Teichen oder sonstigen Gewässern stillen muß.

Bewegung hält
einen Westie
schlank und fit.

▶ Diät

Sind Wirbelsäule und Rippen kaum mehr tastbar? Wenn Ihr Westie Pölsterchen ansetzt, liegt das meist an der falschen Fütterung, nicht an Ihrem Hund. Nun wird es Zeit, etwas für die gute Figur Ihres Vierbeiners zu tun. Reduzieren Sie die Futtermenge, und stellen Sie evtl. auf kalorienreduzierte Diätkost um. Ermuntern Sie Ihren Hund zu viel Bewegung, gönnen Sie ihm lange Spaziergänge an der frischen Luft. Gekaut wird ab jetzt auf kalorienfreien Seilknoten oder an einer Karotte.

Auch bei verschiedenen Erkrankungen, nach Operationen und während der Genesung kann eine besondere Diätnahrung nötig sein, um den Genesungsvorgang zu unterstützen. Dies sollte auf jeden Fall mit dem Tierarzt abgesprochen werden. Unter Berücksichtigung der individuellen Fütterungsgewohnheiten wird das gewohnte Futter durch Zugabe von leichtverdaulichen Nährstoffen oder Reduzierung einzelner Nahrungsmittel dem veränderten Bedarf angepaßt. Die unterschiedlichen Diäten sind in ihrer Zusammensetzung den krankheitsbedingt unterschiedlichen Situationen der Hunde angepaßt. Für die am häufigsten vorkommenden Erkrankungen und Störungen wie z.B. auch Futterallergien gibt es bereits fertige Futtermischungen zu kaufen.

▶ Richtig füttern

Welpen bekommen ihr Futter auf vier Portionen über den Tag verteilt. Mit zunehmendem Alter reduzieren Sie allmählich auf dreimal, dann auf zweimal tägliches Füttern. Mit etwa neun Monaten können Sie Ihren Westie an zwei Mahlzeiten täglich zu festen Zeiten gewöhnen.

Die erste kleinere Mahlzeit bekommt Ihr Westie dann z.B. morgens ca. um 8 Uhr und eine etwas größere Abendmahlzeit um ca. 20 Uhr. Füttern Sie

Geben Sie Ihrem
erwachsenen
Westie zwei Haupt-
mahlzeiten am Tag
aus einem rutsch-
festen sauberen
Napf aus Edelstahl
oder Keramik.

Ihren Hund erst dann, wenn Sie selbst gegessen haben. Damit kann sich der Organismus an eine regelmäßige Verdauung gewöhnen, und Sie können sicher sein, daß Ihr Westie sich abends noch einmal lösen kann und ohne Hungergefühl nachts ruhig bleibt.

Ein Spaziergang vor der Mahlzeit macht Appetit, Sie sollten Ihrem Westie nach dem Spaziergang jedoch erst eine Verschnaufpause gönnen, bevor Sie ihm seine Mahlzeit vorsetzen. Wichtig ist eine Ruhephase nach jeder Mahlzeit, das fördert eine geregelte Verdauung und hilft, einer gefährlichen, beim Westie aber zum Glück seltenen Magendrehung vorzubeugen.

Genau wie Ihr Magen reagiert auch ein Hundemagen nicht freundlich auf zu kaltes Essen direkt aus dem Kühlschrank. Futter, das etwa Zimmertemperatur hat, ist leichter bekömmlich, und außerdem werden die Geschmacksstoffe besser freigesetzt. Mit etwas warmem Wasser oder salzarmer Brühe gemischt, bekommt kaltes Futter ganz schnell »Genußtemperatur«.

Welpenfütterungsplan

Alter	Anzahl	Uhrzeit
2–4 Monate	4 Mahlzeiten täglich	8.00/12.00/16.00/20.00
4–8 Monate	3 Mahlzeiten täglich	8.00/14.00/20.00
ab 9 Monate	2 Mahlzeiten täglich	8.00/20.00

Halten Sie sich an die vom Hersteller empfohlene Tagesration. Ihr Westie soll seinen Napf rasch leer gefressen haben. Sind spätestens nach einer Viertelstunde noch Reste übrig, nehmen Sie sie weg und reduzieren die nächste Portion um diese Menge. Vergessen Sie nicht, Belohnungshäppchen und Kauartikel in die gesamte tägliche Futtermenge einzurechnen!

Eine gute Hilfe ist es, wenn Sie Ihren Westie, wie es hoffentlich Ihr Züchter auch schon getan hat, wöchentlich wiegen und das Gewicht in eine Wiegetabelle eintragen. Das mittlere Gewicht für einen ausgewachsenen Westie sollte um die 8 kg liegen. Dies ist jedoch nur ein Richtwert. Ein großer Rüde kann mit 8 kg zu mager, eine kleine Hündin dagegen schon zu dick sein. Prüfen Sie den Gewichtszustand besser, indem Sie die Rippen und die Wirbelsäule abtasten. Wenn diese noch gut zu tasten sind, hat Ihr Westie auch meist das richtige Gewicht. Das notieren Sie dann und versuchen dieses zu halten.

BETTELN ▶ Schon viele sind schwach geworden, wenn sie bei Tisch von ihrem Westie mit schmachtenden Augen angesehen wurden. Seien Sie auf der Hut. Nur wenn Sie von Anfang an bittenden Blicken konsequent widerstehen können, wird Ihr Westie schnell lernen, daß Betteln keinen Erfolg hat und er sein Futter nur aus seinem Napf und nicht vom Tisch bekommt. Geben Sie Ihm sein Futter auch immer am gleichen Platz, am besten in der Küche, jedoch nicht am Eßplatz der Menschen. Erziehen Sie auch Ihre Kinder hier zur Konsequenz, und bitten Sie Ihre Gäste, sich an diese Spielregeln zu halten. Dafür können Sie Ihren Westie dann auch bedenkenlos in jedes Restaurant mitnehmen.

▶ Hygiene

Gehen Sie mit dem Hundefutter genauso sorgfältig um wie mit Ihren Lebensmitteln. Kaufen Sie keine Mengen, die Sie nicht innerhalb der nächsten zwei Monate verfüttern können oder deren Verfallsdatum abgelaufen ist. Lagern Sie keine Futterpackungen zusammen mit Ihren Haushaltsreinigern, und entsorgen Sie konsequent feucht gewordenes oder bereits angeschimmeltes Futter.

Fütterungstips

- Nur hochwertiges Qualitätsfutter füttern.
- Futter nie ganz kalt aus dem Kühlschrank oder sehr heiß geben.
- Erwachsene Hunde zweimal täglich zu festen Zeiten füttern.
- Immer ausreichend Wasser frei zur Verfügung stellen.
- Belohnungshäppchen in die Tagesmenge mit einrechnen.
- Betteln ignorieren und nie etwas vom Tisch geben.
- Ruhepause nach dem Fressen einhalten.
- Futterzusätze nur nach Absprache mit dem Tierarzt geben.
- Futter- und Wassernapf täglich mit heißem Wasser reinigen.

Füttern Sie Ihren Westie nie vom Tisch, sonst wird Betteln schnell zu einer schlechten Angewohnheit. Ignorieren Sie seinen flehenden Hundeblick. Er bekommt sein Futter – aus seinem Napf – erst, wenn Sie selbst gegessen haben.

Geöffnete Dosen gehören immer in den Kühlschrank. Futter- und Wassernapf müssen täglich mit heißem Wasser gründlich gereinigt werden.

▶ Verdauung

Eine direkte Kontrolle, ob das Verdauungssystem Ihres Westies richtig arbeitet und er nichts Falsches zu sich genommen hat, haben Sie, wenn Sie ihn beim Kotabsatz beobachten und, wie es sich für jeden ordentlichen Hundehalter gehört, immer persönlich den Kot entsorgen. Der Kot sollte stets gut geformt und mittelbraun gefärbt sein. Beim Kotabsatz darf Ihr Westie sich weder quälen, noch darf der Kot so dünn sein, daß er nicht mehr geformt ist. Bei Abweichungen vom Normalen sollten Sie versuchen, die Ursache zu ergründen, und auf jeden Fall besonders sorgfältig auf eine ausgewogene und geregelte Ernährung, aber auch genügend Bewegung achten. Normalisiert sich der Stuhlgang dann nicht wieder, suchen Sie vorsichtshalber Ihren Tierarzt auf.

Richtige Pflege

Richtige Pflege

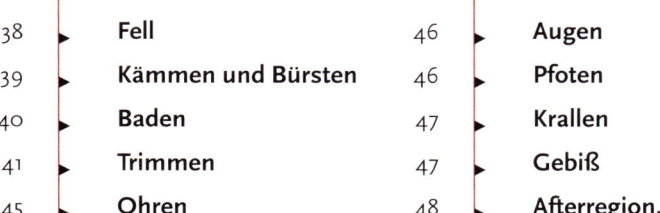

38	▶	**Fell**	46	▶ **Augen**
39	▶	**Kämmen und Bürsten**	46	▶ **Pfoten**
40	▶	**Baden**	47	▶ **Krallen**
41	▶	**Trimmen**	47	▶ **Gebiß**
45	▶	**Ohren**	48	▶ **Afterregion, Genitalien**

Berührungen stärken die Bindung zwischen Hund und Mensch. Nutzen Sie dies von Anfang an, und geben Sie Ihrem Hund viele Streicheleinheiten. Gewöhnen Sie schon Ihren Welpen an regelmäßiges Bürsten und Kämmen sowie an die Kontrolle von Augen, Ohren, Zähnen und Pfoten. Wer so eine liebevolle Behandlung gewöhnt ist und die verschiedensten Berührungen kennt, wird es leichter tolerieren, einen eingetretenen Dorn entfernen zu lassen oder beim Tierarzt festgehalten zu werden.

▶ **TIP**
Regelmäßige Pflege ist auch eine hervorragende Gesundheitsvorsorge für Ihren Westie.

Wer seinen Westie regelmäßig pflegt, erkennt bereits im Ansatz die geringsten Veränderungen und kann meist mit einfachen Mitteln Abhilfe schaffen.

▶ **Fell**
Für den Westie als beliebten Familienhund spricht neben seinem freundlichen Wesen auch sein pflegeleichtes Fell, das kaum Haare verliert. Dieses harsche Haarkleid können Sie leicht mit Kamm und Bürste pflegen und auch

wieder leicht reinigen, wenn es schmutzig ist. Im Idealfall besteht das Haar Ihres Westies aus zwei verschiedenen Haararten. Dem harschen (nicht drahtigen und auch nicht wolligen Deckhaar) und einer feinen, pelzartigen, kurzen Unterwolle. In der Praxis kommen die unterschiedlichsten Haarqualitäten vor. Je nach Abstammung und auch äußeren Einflüssen, die Sie selbst beeinflussen können, haben Westies heute manchmal sehr weiches, welliges Deckhaar, manche kaum noch Unterwolle. Egal welches Haar Ihr Westie hat, mit regelmäßigem Bürsten und Kämmen tragen Sie dazu bei, daß Sie Haarstruktur und Qualität erhalten und sogar verbessern.

Die Unterwolle stößt der Westie normalerweise im Frühjahr und Herbst ab und bildet dann neue. Da unsere Westies jedoch in warmen Wohnungen gehalten werden und auch durch den Zyklus der Hündinnen Veränderungen stattfinden, die sich auf Haut und Haare stark auswirken, kann dies auch unabhängig von den Jahreszeiten vorkommen. Damit Ihr Westie die Unterwolle – die Menge ist sowieso geringer als bei Hunden, die überwiegend im Freien leben – nicht irgendwo verliert oder diese als Filz im Deckhaar hängenbleibt, müssen Sie ihn während dieser Zeit beson-

Zum täglichen Bürsten und Kämmen stellen Sie Ihren Westie auf einen stabilen Tisch.

ders sorgfältig bürsten und kämmen. Das Deckhaar fällt, wird es nicht beim Trimmen ausgezupft, irgendwann aus. Es ist ein großer Vorteil des Trimmens, daß Ihr Westie dadurch kaum haart.

▶ Kämmen und Bürsten

Spätestens am zweiten Tag, nachdem Sie Ihren Westie, egal welchen Alters, zu sich geholt haben, stellen Sie ihn auf einen Tisch mit einem rutschfesten Belag. Haben Sie keinen, so genügt vorerst eine Gummimatte, die Sie auf einen stabilen, nicht wackligen Tisch legen. Wer seinen Westie einmal selbst trimmen möchte, der sollte sich von Anfang an einen stabilen Trimmtisch anschaffen.

Beginnen Sie damit, Ihren Westie mit der Rupfbürste vorsichtig zu bürsten. Damit sich Ihr Hund während dieser Prozedur still verhält, sprechen Sie beruhigend mit ihm. Bürsten Sie so den gesamten Körper, wobei Ihnen die

Bauchseite noch wichtiger sein sollte als der Rücken. Die Beinhaare werden zuerst hinauf-, dann leicht hinabgekämmt, damit sie etwas fülliger wirken. Die Kopfhaare kämmt man zuerst nach hinten, dann nach vorne. Den Bart hingegen kämmt man zuerst nach vorne und dann ganz leicht nach hinten. Die Wangenhaare werden aufwärts gekämmt.

Nun beginnen Sie, ihn an mögliche andere Berührungen zu gewöhnen. Berühren Sie nacheinander seine Pfoten, heben Sie diese hoch, kontrollieren Sie die Zwischenräume zwischen den Zehen und Ballen. Säubern Sie diese, falls Steinchen oder Sand darin sind. Bringen Sie Ihren Westie hierbei immer wieder in einen ruhigen, aufrechten Stand. Kontrollieren Sie das Gebiß, indem Sie die Lippen abschnittsweise leicht hochheben. Schauen Sie Ihrem Westie in die Ohren.

Am Ende loben Sie Ihren Westie über-schwenglich und heben ihn auf den Bo-den. Lassen Sie Ihren Westie in keinem Fall vom Tisch springen.

GEGENWEHR ▶ Auch wenn Ihr Westie sich dieser Behandlung widersetzt, müssen Sie unbedingt unbeirrt damit fortfahren. Selbst wenn er im Extremfall versuchen sollte zu beißen, dürfen Sie sich nicht beeindrucken lassen und in keinem Fall Angst zeigen. Wehrt sich Ihr Westie, bleiben Sie konsequent und sagen ihm ein deutliches »Nein«. Alles andere, z.B. heftig auf ihn einreden, in-terpretiert er als Lob und Bestätigung für sein Tun und wird sich künftig je-desmal heftiger wehren.

▶ Baden

Sehr oft werde ich gefragt, wie oft ein Westie gebadet werden muß, damit er immer schön weiß bleibt. Es gibt die irri-ge Meinung, das Fell von weißen Hun-den würde schneller schmutzig als das von andersfarbigen. Das Haarkleid von richtig gepflegten Westies ist jedoch ge-nauso schmutzunempfindlich wie das anderer rauhhaariger Hunde auch. Bei Westies, die zu oft gebadet werden, ver-schwindet das natürliche Fett an Haut und Haaren, das gegen Feuchtigkeit, Staub, aber auch Hitze und Kälte schützt. Haut und Haar werden nicht nur für Schmutz, sondern auch für Parasiten und Krankheiten sowie Schadstoffe, die die Haut noch weiter austrocknen und schädigen können, empfindlich.

TIP

Baden Sie Ihren Hund nur dann, wenn er sich in Kot o. ä. gewälzt hat oder der Tierarzt es als Thera-pie bei Parasitenbefall empfiehlt.

Wenn Sie mit Ihrem Westie von einem Spaziergang im Regen nach Hause kommen, trocknen Sie ihn zuerst mit einem Handtuch gut ab und bürsten und kämmen ihn danach. Gegen ganz hartnäckigen Schmutz hilft meist eine »Unterbodenwäsche« mit lauwarmem Wasser. Machen Sie es sich auch zur Gewohnheit, nach einem Spaziergang das Halsband mitsamt der Leine abzu-nehmen, um einen unschönen »Hals-bandrand« zu vermeiden.

Bei Westies scheint der Drang, sich in übelriechendem Unrat oder Kot an-derer Tiere zu wälzen, sehr ausgeprägt zu sein. Am besten ist es natürlich, wenn Sie am Verhalten Ihres Westies das nahende Unheil beizeiten erkennen und noch verhindern können. Ist es dennoch passiert, ist ein Vollbad doch nicht zu vermeiden. Vor dem Baden las-sen Sie Ihren Westie sich unbedingt noch einmal lösen, damit er nicht ins Freie muß, solange er noch naß ist.

Das Baden sollten Sie nur auf die wirklich hartnäckigen Verschmutzun-gen beschränken, bei kleineren Ver-schmutzungen versuchen Sie es besser mit Trockenshampoo oder Kreide. Bei den alltäglichen Verschmutzungen hilft Trocknen und dann gründliches Bür-sten und Kämmen.

IN DIE WANNE ▶ Besorgen Sie sich aus dem Zoofachgeschäft ein gut rück-fettendes Hundeshampoo. Die Wasser-temperatur sollte bei gut 30 °C liegen. Legen Sie eine rutschfeste Matte in die Badewanne oder Dusche. Achten Sie darauf, daß kein Wasser in die Ohren oder Augen kommt. Stellen Sie keinen zu harten Strahl ein, damit Ihr Westie keine Angst bekommt. Benetzen Sie nun das Fell vorsichtig mit der Dusche.

Nach dem ersten Shampoonieren spülen Sie alles gründlich aus, um dann nochmals zu shampoonieren. Sie können für das zweite Shampoonieren auch vorbeugend ein Shampoo gegen Ungeziefer benutzen, wenn Ihr Westie damit Probleme hat. Nach dem Baden wird der Westie gut abfrottiert und danach, während Sie die Haare in die richtige Richtung bürsten, gründlich trockengefönt. Gehen Sie in jedem Fall vorsichtig mit dem Fön um. Stellen Sie keine zu hohe Temperatur ein, halten Sie genügend Abstand, und lassen Sie den Fön nur in den unteren Luftgeschwindigkeitsstufen arbeiten.

▶ Trimmen

Idealerweise lassen Sie sich das Trimmen von einem Fachmann zeigen und entfernen dann fortlaufend das tote Haar Ihres Westies. So sieht Ihr Westie jederzeit gut gepflegt aus. Leuten mit guten Fingerfertigkeiten und etwas bildnerischer Begabung wird das Trimmen nicht schwerfallen.

Wer sich diese Arbeit nicht zutraut, sollte sich beizeiten nach einem geeigneten Trimmer umsehen. Auch auf diesem Gebiet gibt es viele Leute, die behaupten, Experten im Trimmen zu sein. Daher ist es nützlich, wenn Sie selbst wissen, wie ein gut getrimmter Westie aussehen soll. So können Sie sich einen Trimmer aussuchen, der in der Lage ist, Ihren Westie dem Standard entsprechend herzurichten. Seien Sie vorsichtig und vergewissern Sie sich, ob der gewählte Fachmann die Westies wirklich trimmt und nicht schert. Schauen Sie sich einige von ihm gepflegte Exemplare nach dem Trimmen an. So können Sie bösen Überraschungen vorbeugen. Um den Namen eines guten Trimmers zu erfahren, wenden Sie sich an Ihren Züchter oder noch besser, Sie sehen sich auf Ausstellungen um und erfragen dort die Namen

Trimmen bedeutet auszupfen von totem Deckhaar. Die beste Methode ist mit Daumen und Zeigefinger. Mit einem Trimmmesser geht es schneller, diese Methode müssen Sie aber gut beherrschen.

Nach dem Über-
trimmen werden
die Konturen der
Wangen nachge-
schnitten, damit
die runde Kopfform
erhalten bleibt.

der Trimmer ordentlich hergerichteter Westies.

Vor dem Trimmen darf ein Westie nie gewaschen oder gebadet werden, weil es die Arbeit des Trimmers wesentlich erschwert und Ihren Westie unnötig strapaziert. Sie sollten Ihren Westie vorher aber immer gut durchkämmen und ihn in keinem Fall verfilzt zum Trimmen bringen.

Wollen Sie sich selbst an das Trimmen herantrauen, so können diese Zeilen lediglich erste Orientierung sein. Mittlerweile gibt es spezielle Bücher und Videos, die sich ausschließlich damit befassen. Das Wichtigste ist jedoch Ihr Geschick, ein gutes Auge, die Kenntnis des Rassestandards und viel, viel Übung.

BEGRIFFE ▶ Viele bringen auch die Begriffe durcheinander. Die Engländer verwenden das Wort »trimming« für das standardgerechte Zurechtmachen der Hunde. Hierzu gehört das »strip-

ping«, was unserem Begriff des Trimmens, nämlich dem Herausziehen von toten Haaren, entspricht. Unter diesen Begriff fällt aber genauso das Überarbeiten mit dem Trimmesser, bei dem teilweise Haare abgeschnitten, teilweise herausgezogen werden, und auch das Nachschneiden mit der geraden Schere wie auch mit der Effilierschere.

▶ Trimm-Methoden

Die traditionelle und beste Methode des Trimmens ist die mit Daumen und Zeigefinger. Dabei werden jeweils nur wenig Haare gefaßt und mit einem kurzen Ruck ausgezogen. Haben Sie mit dieser Methode einen Welpen und Junghund im Abstand von 3 bis 4 Monaten 2 bis 3mal komplett durchgearbeitet, so brauchen Sie, wollen Sie Ihren Westie in Kondition halten, nur jede Woche die überstehenden Haare zu zupfen, und Sie haben immer einen gepflegt aussehenden Hund.

Beim Trimmen, egal ob Sie Ihren We-stie nur übertrimmen oder von Grund auf trimmen, gehen Sie am besten fol-gendermaßen vor:

Stellen Sie Ihren Westie auf seinen Pflegetisch und kämmen das Haar kom-plett gut durch. Sie entfernen nun die toten Deckhaare, indem Sie mit der lin-ken Hand die Haut oberhalb der zu be-arbeitenden Stelle festhalten. Mit Dau-men und Zeigefinger der rechten Hand greifen Sie sich einige lange Haare und ziehen diese in Richtung des Haarwuch-ses heraus. Bei jedem Mal ziehen Sie nur einige Haare heraus.

KÖRPER ▶ Sie beginnen am besten an der Schulter und zupfen so systematisch den Rücken, die Seiten und die Rute. Danach gehen Sie über Nacken, Hals, Brust und Schultern. Westies sollen ge-rade Vorderläufe mit gut anliegenden Ellbogen haben. Daher ist es günstig, wenn die Beine mit genügend har-schem Haar bedeckt sind, um eventuell nicht so günstig gewachsene Beinstel-lungen zu kaschieren. Vor allem abste-hende Haare an den Ellbogen sind zu entfernen.

Nun kommen Sie zu den schwierige-ren Teilen. Der Partie unterhalb der Rute, den Übergängen von dem etwas kürzeren Haar am Rücken und dem län-geren Haar an den Vorderbeinen sowie an den Flanken. Hier ist Vorsicht, viel Fingerspitzengefühl und einige Übung erforderlich, um diese Übergänge so zu trimmen, daß sie fließend aussehen. Die Rute wird zuerst gleichmäßig ge-trimmt und dann mit einer geraden Schere zu einer Rübe mit möglichst dickem Ansatz geformt. Die Haare um die Pfoten werden ebenfalls mit der Schere schön rund geschnitten.

KOPF ▶ Der für viele schwierigste Teil ist der Kopf, da dieser sich von dem an-derer Terrier wesentlich unterscheidet. Der Kopf des Westies soll verhältnis-mäßig groß erscheinen und fast rund wirken. Dazu ist reichlich rauhe und volle Behaarung notwendig. Damit Sie beim Fell Ihres Westies einmal eine gute Qualität erreichen, müssen Sie un-bedingt frühzeitig alle toten Haare aus-zupfen. Versäumen Sie dies, dürfen Sie sich später nicht wundern, wenn Sie ei-nen Westie mit zu spärlichem, fast sei-digem Kopfhaar haben.
Gehen Sie nun folgendermaßen vor:

Kämmen Sie die Haare am Schädel zuerst nach hinten und danach wieder alle nach vorn. Entfernen Sie schließlich alle langen Haare mit den Fingern. Ebenso verfahren Sie mit der Behaarung an den Wangen, nur daß Sie hier die Haare zuerst nach unten und dann nach oben kämmen. Da der Westie einen kur-zen und breiten Kopf haben soll, dürfen die Haare am Kopf nicht zu lang sein. Sie würden sonst auch, wenn sie nach hinten fallen, die Kopfform optisch noch

Trimmwerkzeug

Wollen Sie Ihren Westie selbst trim-men, können Ihnen diese Werkzeu-ge nützlich sein:

▶ Trimmesser, kurzzahniges für hartes Dackhaar, langzahniges für weicheres Haar
▶ Terrierzupfbürste
▶ Metallkamm
▶ Haarschneideschere, mög-lichst mit stumpfen Enden
▶ Effilierschere
▶ Entfilzungskamm
▶ Kreide oder Fingerlinge

Auch am Bart werden die Haare eingekürzt, um die typische Kopfform zu betonen.

verlängern. Die Behaarung des Kopfes darf erst an den Ohren beginnen. Ebenso soll der Fang des Westies kurz wirken. Darum werden der vorderste Teil des Bartes und auch die vorderen Schnauzhaare kurz gehalten. Die Ohren werden von der Seite ungefähr auf Daumenbreite glattgetrimmt. Die Ränder müssen glatt und gerade gemacht werden. Wenn das Kopfhaar nachgewachsen ist, sollen die Ohren aussehen, als seien sie in das Haar hineingesteckt.

FRÜH BEGINNEN ▶ Schon mit 3 Monaten sollten Sie anfangen, Ihren Westie-Welpen langsam an das Trimmen zu gewöhnen und den Welpen und Junghund nach und nach ganz abtrimmen. Dann können Sie im Alter von 8 bis 9 Monaten schon einen Westie mit schönem glattem und festem Haar haben. Ab 5 bis 6 Monaten beginnen Sie dann die abstehenden Haare regelmäßig zu entfernen. Versäumen Sie jedoch die laufenden Inspektionen und

erfreuen sich zu lange an dem vollen Haarkleid, ohne daran zu arbeiten, bleibt es Ihnen nicht erspart, Ihren Westie wieder von Grund auf zu trimmen.

In vielen Trimmanleitungen steht, man soll das Westiehaar mit Kreide griffiger machen, um es besser fassen zu können. Das gleiche erreichen Sie, wenn Sie sich aus der Apotheke die für Ihren Daumen und Zeigefinger passenden OP-Fingerlinge besorgen. Sie helfen Ihnen außerdem, diese Arbeit zu verrichten, ohne daß Sie bei genügend Ausdauer Blasen an Ihre Finger bekommen.

In den letzten Jahren hat sich das »Handtrimming« mit dem Trimmesser immer weiter verbreitet. Für Leute, die ständig professionell Hunde trimmen, sind Trimmesser unumgänglich, da kaum ein Kunde bereit ist, den hohen Zeitaufwand für das konventionelle Zupfen zu bezahlen. Wenn mit dem Trimmesser genauso vorgegangen wird wie bei der Daumen-und-Zeigefinger-Methode, also wenn totes Deckhaar herausgezogen wird, so kann es eine sinnvolle Ergänzung Ihrer Ausrüstung sein.

Statt das lange, überständige Deckhaar zwischen Daumen und Zeigefinger zu nehmen, fassen Sie nun das Haar zwischen Daumen und Messer und ziehen es heraus. Drehen Sie während des Ausziehens nicht das Messer oder Ihr Handgelenk, da sonst die Haare abgeschnitten werden, die Sie eigentlich herausziehen wollen. Anfänger sollten also vorsichtig sein beim Gebrauch von Trimmessern, da das Resultat ihrer Arbeit sehr leicht ein geschnittenes Fell sein kann. Bei Welpen und Junghunden, die zum erstenmal getrimmt werden, ist die konventionelle Methode mit Daumen und Zeigefinger in jedem Fall zu empfehlen. Betrügen Sie sich nicht selbst mit einem Trimmesser, indem Sie die meisten Haare abschneiden. Sie können das gleiche Resultat schneller mit einer Schere und noch schneller mit einer Schermaschine erreichen.

SCHEREN ▶ In früheren Jahren war das Scheren von allen rauhhaarigen Hunden verpönt und wurde gar als schädlich für die Hunde betrachtet. Mittlerweile werden doch sehr viele Terrier, die als Haushunde gehalten werden, regelmäßig geschoren. Die Behandlung ist ähnlich wie die beim Scheren von Pudeln. Nachdem die Hunde gründlich durchgebürstet, gekämmt, gebadet und getrocknet sind, wird das Haar mit der Schere oder auch mit der Schermaschine dem Körperbau des Hundes entsprechend geschnitten.

Im Durchschnitt muß diese Prozedur auch 3 bis 4 mal im Jahr wiederholt werden, damit die Hunde einigermaßen gepflegt aussehen. Leider verlieren unsere Westies bei dieser Art Pflege auf Dauer einen großen Vorteil ihrer Rasse, nämlich das wetterfeste, schmutzunempfindliche schöne weiße Haarkleid, so daß diese Hunde dann öfter gebadet werden müssen.

▶ **Ohren**

Gesunde Ohren reinigen sich normalerweise von selbst. Da der Westie bekannterweise Stehohren hat, kann auch genügend frische Luft in die Ohren gelangen, so daß keine übermäßige Gefahr für Ohrenentzündungen besteht. Westies stecken jedoch gern neugierig ihren Kopf in alle möglichen Löcher. So kann es vorkommen, daß Grassamen, andere Fremdkörper, aber auch Milben, Bakterien oder Pilze ins Ohr eindringen und Juckreiz oder gar Entzündungen hervorrufen. Kontrollieren Sie deshalb regelmäßig die Ohren Ihres Westies. Ohrschmalz und Verunreinigungen werden mit einem weichen Tuch und einem milden Ohrreiniger entfernt. Benutzen Sie auf keinen Fall Wattestäbchen, Sie könnten Ihren Hund damit verletzen. Manchmal entdeckt man lange Haare, die in das Ohr hineinwachsen. Diese können Sie einfach auszupfen.

Regelmäßige Ohrenkontrolle ist für jeden Westiebesitzer selbstverständlich.

Wenn Sie bei Ihren Inspektionen starke Rötungen, stärkeren Ausfluß, Geruch oder borkige Stellen feststellen, so sollten Sie vorsichtshalber Ihren Tierarzt nachsehen lassen. Das gleiche gilt selbstverständlich, wenn Ihr Hund sich ständig hinter dem Ohr kratzt, den Kopf schief hält oder ständig schüttelt, als wolle er etwas loswerden.

Manche Welpen haben sehr dünne oder etwas größere Ohren. Es kann vorkommen, daß diese mit 3 Monaten noch nicht von selbst stehen wollen. Manchmal hilft es dann schon, wenn Sie die Haare am Ohr komplett abtrimmen und die Ohren dann täglich massieren. Durch die bessere Durchblutung stehen sie dann meistens innerhalb weniger Tage. Falls nicht, so kann Ihnen sicher Ihr Züchter weiterhelfen, der die Ohren dann eventuell hochklebt.

Bürsten Sie Ihren Westie täglich von der Nasen- bis zur Rutenspitze. Auch wenn Ihr Westie es nicht besonders liebt – Beine und Pfoten müssen ebenfalls gebürstet werden.

▶ Augen

Ihr Westie sollte, wie übrigens jeder gesunde Hund, klare und glänzende Augen haben. Normal ist es, wenn Ihr Westie pro Tag ein kleines schwarzes Körnchen Schmutz im Augenwinkel absondert, das Sie leicht während Ihres täglichen Checks beseitigen können. Ständig tränende Augen, dicklicher gelber oder gelblichgrüner Ausfluß sind ein Alarmzeichen. Gehen Sie dann mit Ihrem Westie zum Tierarzt.

Besonders bei Welpen und Junghunden kommt es vor, daß Haare vom Augenlid in die falsche Richtung wachsen und so ständig das Auge reizen. Auch kommt es bei jungen Hunden vor, daß sie Bläschen oder sonstige Unebenheiten auf der Innenseite des Augenlids haben, die das Auge ebenfalls ständig reizen. Wenn Sie starke Rötungen des Augapfels oder der Bindehaut, ständiges Augenblinzeln oder stärkere Sekretionen feststellen, sollten Sie den Tierarzt aufsuchen.

▶ Pfoten

Sorgen Sie grundsätzlich dafür, daß keine zu langen Haare um die Pfoten oder zwischen den einzelnen Ballen stehen. Entfernen Sie störende Haare mit einer vorne abgerundeten Schere, um Verletzungen zu vermeiden. Die Pfoten Ihres Westies sollten Sie nach jedem Spaziergang kurz untersuchen.

Kontrollieren Sie die Ballen und vor allem die Ballenzwischenräume auf kleine Steinchen und Sand, die hier scheuern, und achten Sie auf sonstige Verschmutzung, wie z.B. Kaugummi. Die Zwischenräume der Ballen und Zehen dürfen nicht gerötet sein! Leckt sich Ihr Westie auffallend häufig die Pfoten, so forschen Sie unbedingt nach den Ursachen. Im Winter meiden sie gestreute Gehwege. Das Salz und auch andere Streumittel greifen die Ballen an. Vorsichtshalber waschen Sie die Pfoten nach einem solchen Spaziergang mit lauwarmem Wasser und trocknen sie gründlich ab. Sie können auch die Pfoten mit einem Ballenpflegemittel – oder ganz einfach Vaseline – vorsorglich schützen.

▶ Krallen

Sie werden kaum einen Hund finden, der sich gerne die Krallen pflegen läßt. Zum Glück nutzen sich die Krallen bei den meisten Westies genügend ab, wenn die Hunde viel auf verschieden beschaffenen Böden laufen. Westies sollten immer gut auf den Ballen und nicht auf den Krallen stehen. Zu lange Krallen können besonders bei Welpen und Junghunden zu Fehlstellungen der Läufe und dadurch zu einer schlechten Bewegung führen.

Kontrollieren Sie bei Junghunden wöchentlich, bei erwachsenen Hunden jeden Monat die Krallen. Dazu stellen Sie Ihren Westie auf eine ebene Fläche und überprüfen, ob er auf einer oder mehreren Krallen steht. Ist dies der Fall, so müssen diese Krallen gekürzt werden. Dies sollte bei dunklen Krallen, die der Westie vorzugsweise hat, nur von jemandem mit Erfahrung gemacht werden, da man kaum erkennen kann, wie weit die Blutgefäße reichen. Bei hellen Krallen ist dies einfacher, da Sie hier genau sehen können, wie weit Sie gefahrlos schneiden können. Für Westies haben sich die Krallenzangen, die nach dem Guillotine-Prinzip arbeiten, als die besten erwiesen. Wenn Sie sich nicht selbst heranwagen, lassen Sie die Krallen bei Ihrem nächsten Tierarztbesuch von diesem kürzen.

Wenn Ihr Westie Daumenkrallen an den Vorderbeinen oder Wolfskrallen an den Hinterbeinen hat, so müssen diese in jedem Fall regelmäßig gekürzt werden, da sie sich ja nicht abnützen.

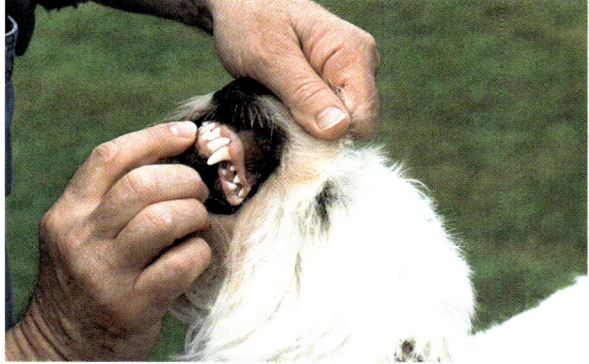

Das Gebiß Ihres Westies sollten Sie täglich kontrollieren und reinigen.

▶ Gebiß

Die Zähne Ihres Westies kontrollieren Sie täglich. Es ist wichtig, daß Sie Ihren Hund vom ersten Tag an an diese Prozedur gewöhnen. Im Welpenalter und während des Zahnwechsels können Sie dabei gleich feststellen, ob sich das Gebiß richtig entwickelt und keine Fehlstellungen entstehen. Achten Sie auf Karies, Zahnstein, Parodontose und Mundgeruch. Karies kommt bei Westies selten vor, Parodontose ist dagegen häufiger. Hat sich Zahnstein gebildet, bleibt nur der Gang zum Tierarzt. Er entfernt die Beläge unter Narkose und poliert die Zähne. Mundgeruch kann neben Zahnproblemen auch andere organische Gründe haben. Gehen Sie der Ursache auf den Grund.

Zur Gebißpflege gehört die tägliche Gabe eines zahnpflegenden Kauprodukts. Dazu zählen harte Hundekuchen, Kauknochen aus Büffelhaut und ähnlichen Materialien. Günstig wirkt sich auch die Fütterung von Trockenfutter statt Weichfutter aus, da durch die erhöhte Reibung die Zähne gleichzeitig gesäubert werden

Einmal in der Woche rücken Sie den Zähnen Ihres Westies mit Zahnbürste –

es gibt sie sogar als Fingerlinge – und Zahnpasta zu Leibe. Bereits seit einiger Zeit werden verschiedene Zahnbürsten sowie spezielle Zahnpasta für Hunde angeboten. Nach den Angaben der Hersteller ist die Zahnpasta problemlos verdaulich, und aus eigener Erfahrung schmeckt sie den Hunden. Günstig ist es, wenn sich Ihr Westie während des Zähneputzens auf die Seite legt.

▶ Afterregion, Genitalien

Halten Sie die Haare in der Afterregion kurz, damit auch einmal etwas weicherer Kot nicht hängenbleibt. Sollte es doch einmal vorkommen, reinigen Sie die Haare sofort mit lauwarmem Wasser oder Trockenshampoo. Ein Vollbad ist nicht nötig.

Jeder Hund hat beidseitig des Afters Duftdrüsen, die bei Wölfen zur Markierung des Reviers benötigt werden. Der entsprechende Duftstoff kommt aus den sogenannten Analbeuteln und wird über diese Drüsen abgesetzt. Diese Drüsen arbeiten bei unseren Hunden nicht immer einwandfrei. Oft müssen die Analbeutel von Zeit zu Zeit ausgedrückt werden, damit keine Entzündung entsteht. Manche Hunde versuchen sich hier selbst zu helfen, indem sie auffällig auf ihrem Hintern herumrutschen. Dann ist es höchste Zeit, die Analbeutel von einem Fachmann entleeren zu lassen.

Den Genitalbereich bei Rüden und Hündinnen sollten Sie bei Ihren Inspektionen nicht vergessen. Auch hier halten Sie die Haare möglichst kurz und reinigen diesen Körperbereich von Zeit zu Zeit, bei Hündinnen vor allem nach der Läufigkeit, mit lauwarmem Wasser.

▶ Pflegeplan

täglich
Füttern und Wasser geben.
Näpfe reinigen.
Ohren, Augen und Gebiß kontrollieren.
Nach jedem Spaziergang die Pfoten untersuchen.
Kämmen und bürsten, dabei auch auf Parasiten und Veränderungen der Haare und der Haut achten.

wöchentlich
Zähne mit Zahnbürste und -creme reinigen.
Krallen kontrollieren und gegebenenfalls kürzen.
Analregion, v. a. Analbeutel, und Genitalbereich kontrollieren und evtl. säubern.
Liege- und Schlafplätze überprüfen und, wenn nötig, reinigen.

vierteljährlich
Deckhaar trimmen.
Kotprobe auf Wurmbefall untersuchen lassen und nötigenfalls entwurmen.

jährlich
Gesundheits-Check beim Tierarzt.
Auffrischimpfungen.

Gelblicher oder gar bräunlicher Ausfluß bei Rüde oder Hündin sollte für Sie das Signal für einen Tierarztbesuch sein.

Rundum gesund

Rundum gesund

50	▶	Vorbeugung	60	▶	Atemwege
51	▶	Impfungen	61	▶	Herz und Kreislauf
53	▶	Kastration	62	▶	Verdauungstrakt und Harnwege
53	▶	Scheinträchtigkeit	65	▶	Erbkrankheiten
54	▶	Parasiten	66	▶	Alternative Heilmethoden
58	▶	Haut und Haare	68	▶	Erste Hilfe
59	▶	Augen			

▶ Vorbeugung

Sicher haben Sie Ihren Westie bei einem seriösen Züchter erstanden, der schon den ersten Grundstein für einen rundum gesunden Hund gelegt hat.

Wenn Sie sich täglich mit Ihrem Hund beschäftigen, werden Sie leicht bei Ihren regelmäßigen Kontrollen und an seinem Verhalten erkennen, falls einmal etwas mit ihm nicht stimmt. Bei jedem Krankheitsverdacht sollten Sie Ihren Westie zum Tierarzt bringen und eine Diagnose stellen lassen, um, falls erforderlich, so früh wie möglich eine Therapie beginnen zu können. Warten Sie nicht, bis aus einer eventuell harmlosen Unpäßlichkeit eine ernstliche Erkrankung geworden ist.

TIERARZTBESUCH ▶ Wenn Sie Ihren Welpen abholen, hat er seinen ersten Tierarztbesuch sicher schon hinter sich. Fragen Sie Ihren Züchter, falls Sie in seiner Nähe wohnen, oder aber einen Hundebesitzer in Ihrer Nachbarschaft nach einem guten Tierarzt. Nachdem sich Ihr Westie etwas bei Ihnen eingelebt hat, bringen Sie Ihn für einen ersten Rundum-Check zum Tierarzt.

Ihren ersten Besuch bei einem Tierarzt bringen Sie am besten nur zur Vorsorge mit einem gesunden Hund hinter sich. Hund, Halter und Arzt können sich so zunächst einmal beschnuppern, kennenlernen und Vertrauen aufbauen. Der Kontakt im möglichen Ernstfall wird dadurch auch etwas leichter. Der Tierarzt schaut sich den Hund zunächst einmal gründlich an, fragt nach Alter, Herkunft und Namen. Nehmen Sie auf jeden Fall den Impfpaß mit, so daß der Arzt auch über den Impfstatus Ihres Hundes informiert wird. Er wird dann die Temperatur Ihres Westies messen – erhöhte Körpertemperatur kann ein Hinweis auf eine Infektion sein –, Herz und Lunge abhorchen, Augen, Ohren, Gebiß, Rachen und die Geschlechtsteile kontrollieren. Von Ihrem Tierarzt erhalten Sie oft auch wertvolle Tips für die Pflege Ihres Hundes.

> **TIP**
>
> *Ein gesunder Hund hat eine Körpertemperatur von 38 bis 39 °C, sein Herz schlägt 70–100mal pro Minute, und er atmet 10–20mal.*

Jährliche Vorsorge-
untersuchung –
eine Kontrolle zu
Ihrer Sicherheit.

ERNSTFALL ► Haben Sie den Verdacht, Ihr Westie könnte krank sein, gehen Sie mit Ihm zum Tierarzt. Nehmen Sie vorher möglichst schon telefonisch Kontakt auf, und vergessen Sie den Impfpaß nicht. Fürchten Sie, daß er eine ansteckende Krankheit hat, lassen Sie ihn zunächst im Auto, um eine Ansteckung anderer Tiere im Wartezimmer zu vermeiden.

Schildern Sie dem Arzt genau die Symptome und Veränderungen, die Sie beobachtet haben. Wie schwer ist Ihr Hund? Wann hat er zuletzt getrunken, gefressen, sich gelöst? Verweigert er Futter und/oder Wasser? Hat er erbrochen, Durchfall oder Verstopfung? Wann haben Sie die Krankheitsanzeichen zum erstenmal beobachtet? Haben Sie Ihrem Hund schon irgendwelche Medikamente gegeben?

Falls Sie sich Notizen gemacht haben, nehmen Sie diese mit, Sie sind für den Arzt sehr hilfreich. Hat Ihr Westie etwas gefressen, von dem Sie vermuten, daß es ihm geschadet haben könnte, und es sind noch Reste da, nehmen Sie diese mit. Häufig kann auch eine Probe des Kotes oder von Erbrochenem für eine Diagnose wichtig sein. Die Therapie, die Ihr Tierarzt für Ihren Hund vorschlägt, sollten Sie dann auch strikt befolgen.

► Impfungen

Dank medizinischer Fortschritte haben viele Krankheiten, die vor wenigen Jahrzehnten noch bei Mensch und Tier meist tödlich verliefen, ihren Schrecken verloren. Gegen die gefährlichsten Infektionskrankheiten, die Hunde bekommen können – das sind Staupe, Hepatitis contagiosa canis, Parvovirose, Lepto-

**Impfgeschützt
können Welpen ihr
Leben unbeschwert
genießen.**

spirose, Tollwut und Zwingerhusten – müssen Sie Ihren Westie regelmäßig impfen lassen.

GRUNDIMMUNISIERUNG ▶ Die Voraussetzung dafür, daß Ihr Westie nicht an einer dieser bekannten Infektionen erkrankt, wird bereits beim Züchter durch die Grundimmunisierung im Alter von ca. 6 bis 8 Wochen gelegt. Vom Züchter erhalten Sie mit Ihrem Welpen auch den Impfpaß, in dem die nächste fällige Impfung mit 12 Wochen eingetragen ist. Damit suchen Sie Ihren Tierarzt auf, der Sie berät, welche Impfung dann wiederholt werden muß.

Damit Ihr Westie erfolgreich ein Schutzsystem aufbauen kann, muß er zum Zeitpunkt der Impfung gesund sein. Sein Körper darf zum Beispiel nicht durch Würmer geschwächt sein. Deshalb ist eine rechtzeitige Entwurmung vor jeder Impfung wichtig. Von Zeit zu Zeit hört man von Infektio-

nen trotz Impfung. In fast allen Fällen wurde dann nicht genau auf den Gesundheitszustand der Tiere zum Zeitpunkt der Impfung geachtet, so daß nicht genügend Antikörper gebildet werden konnten. Das Immunsystem des Westies benötigt außerdem etwa zwei Wochen, um so viele Antikörper zu bilden, daß auch tatsächlich von einem Impfschutz ausgegangen werden kann. Warten Sie also vor allem mit einem Welpen diese Zeit noch ab, bis er engen Kontakt mit anderen Hunden hat.

AUFFRISCHIMPFUNG ▶ Sinn jeder Vorsorgeimpfung ist es, daß der Körper Ihres Westies selbst genügend Abwehrstoffe bildet, damit er sich bei einem Kontakt mit anderen kranken Tieren nicht ansteckt. Da die Abwehrkräfte nach gewisser Zeit nachlassen, müssen die Impfungen regelmäßig aufgefrischt werden, um einen lückenlosen Schutz zu gewährleisten. In der Regel wird der Impfschutz einmal im Jahr aufgefrischt. Wenn Sie mit Ihrem Westie ins Ausland fahren wollen, erkundigen Sie sich rechtzeitig, welche Impfbestimmungen das Urlaubsland hat. Oft gibt es z.B. Auflagen darüber, wie lange die letzte Impfung mindestens oder höchstens her sein darf. Das müssen Sie mit in die Urlaubsvorbereitungen einplanen.

▶ Kastration

Wer mit seinem Westie nicht züchten möchte, wird sich sicher auch überlegen müssen, ob er seinen Hund kastrieren läßt. Kastration bedeutet die vollständige Entfernung der Keimdrüsen, die die Geschlechtshormone produzieren, die für das Sexualverhalten und bei Hündinnen für das regelmäßige Auftreten der Läufigkeit verantwortlich sind. Es reicht nicht aus, nur Ei- oder Samenleiter zu durchtrennen, um Läufigkeit und Sexualtrieb zu unterbinden.

Bei einer Kastration werden bei einer Hündin die Eierstöcke und meist auch die Gebärmutter entfernt. Danach wird die Hündin nicht mehr läufig. Eine Kastration kann außerdem die Gefahr von Gebärmutterentzündungen und Gesäugetumoren deutlich verringern.

Bei Rüden werden bei einer Kastration die beiden Hoden entfernt. Bei sexuell sehr aktiven oder besonders agressiven Rüden tritt dieses Verhalten nach der Operation kaum mehr auf, kastrierte Rüden verlieren das Interesse an läufigen Hündinnen. Die Entfernung der Hoden kann zudem Prostataproblemen vorbeugen, die vor allem bei älteren Hunden häufig auftreten.

»Kastrierte Hunde werden dick.« Diese Aussage ist ein Ammenmärchen.

▶ Impfplan

Grundimmunisierung
7. Lebenswoche:
Parvovirose (Lebendimpfstoff)
8. Lebenswoche:
Staupe, Hepatitis, Leptospirose (SHL), Zwingerhusten
12. Lebenswoche:
SHL, Zwingerhusten
14. Lebenswoche:
Parvovirose (Lebendimpfstoff), Tollwut

Auffrischimpfungen
nach dem ersten Jahr:
SHL, Parvovirose, Tollwut
jedes Jahr:
Tollwut, Leptospirose, Parvovirose
alle zwei Jahre:
Staupe, Hepatitis

Durch die hormonelle Umstellung werden die Hunde meist etwas ruhiger und verbrauchen dadurch einfach weniger Kalorien. Es liegt also an Ihnen, Ihren Westie danach seinen veränderten Bedürfnissen entsprechend zu füttern.

▶ Scheinträchtigkeit

Bei Hündinnen kann es vorkommen, daß sie scheinträchtig werden. In etwa zu der Zeit, da sie nach einer Läufigkeit Ihre Welpen bekäme, tritt eine deutliche Wesens- und Verhaltensänderung auf. Die Hündin will nur ungern das Haus oder Ihren Schlafplatz verlassen, da sie glaubt, ihre Welpen bewachen zu müssen. Als Welpenersatz dienen oft die verschiedensten Spielzeuge oder Schuhe, die wie Welpen behandelt werden. Bei leichten Fällen röten sich die Zitzen etwas, in schweren Fällen kann die Hündin sogar Milch bilden.

Scheinträchtigkeit ist hormonell bedingt. Abhilfe kann eine Hormonbehandlung bringen, oft reicht aber auch die Gabe von homöopathischen Mitteln, um die Symptome der Scheinträchtigkeit zu mildern. Außerdem verhindert natürlich eine Kastration das Auftreten der Scheinträchtigkeit.

▶ **Parasiten**

Parasiten sind Organismen, die sich zur Nahrungsaufnahme in oder auf einem lebenden Wirt dauernd oder vorübergehend aufhalten. Indem sie sich von Körpersubstanzen des Wirtes ernähren, schädigen sie ihn, in der Regel jedoch ohne ihn zu töten. Man unterscheidet außen lebende Ektoparasiten und innen lebende Endoparasiten. Zu den außen lebenden Parasiten, die Hunden zu schaffen machen, zählen Läuse, Flöhe, Zecken und Milben. Zu den inneren Schmarotzern gehören die diversen Wurmarten.

FLÖHE ▶ Flöhe machen auch vor einem tadellos gepflegten Hund nicht halt. Schon bei einer Begegnung mit einem Igel kann es passieren, daß Ihr Westie einige Untermieter des Stacheltieres übernommen hat. Ein Floh beißt Ihren Westie einmal stündlich, also am Tag 24mal. Hat er mehrere Flöhe, was die Regel ist, können Sie sich die Qualen vielleicht vorstellen, die Ihr Liebling erduldet. Wenn Ihr Westie sich ständig kratzt oder gar versucht, sich Haare auszureißen, so sollten Sie der Sache schnellstens auf den Grund gehen. Denn Flöhe können auch für Menschen gefährliche Bandwürmer übertragen und müssen auch deshalb rasch bekämpft werden.

Nehmen Sie Ihren Westie genau unter die Lupe. Meist werden Sie dann nicht die Plagegeister selbst, sondern nur ihre Exkremente entdecken. Flohkot können Sie an der rötlichen Verfärbung erkennen, die sich zeigt, wenn Sie die schwarzen Pünktchen auf ein weißes Papier bringen, etwas anfeuchten und leicht verreiben. Bleibt es grau oder schwarz, handelt es sich um normalen Schmutz, wird es rot oder rotbraun, ist es Flohkot.

Wenn Ihr Westie von Flöhen befallen ist, gehen Sie mit ihm zum Tierarzt. Dieser kann Ihnen ein wirksames, aber ungefährliches Anti-Floh-Präparat empfehlen. Das kann ein Shampoo, Spray oder Puder sein.

Die Föhe halten sich die meiste Zeit nicht am Hund selbst auf, sondern warten an den häufigst besuchten Plätzen – und das sind die Liege- und Schlafplätze –, bis ihre »Mahlzeit« kommt. Dort legen Sie außerdem ihre Eier ab. Vergessen Sie also nicht, auch diese Plätze gründlich zu reinigen und evtl. mit einem Anti-Floh-Präparat zu behandeln.

Vorbeugend können Sie Ihrem Westie auch ein Anti-Floh-Halsband umlegen. Das muß aber regelmäßig durch ein neues ersetzt werden, und vielleicht ist Ihnen die Vorstellung, daß Ihr Hund von einer Giftwolke umgeben ist, auch nicht sehr angenehm.

ZECKEN ▶ Etwas einfacher aufzufinden und auch zu bekämpfen sind die meist nach Region unterschiedlichen Zeckenarten – allein schon durch die Größe. Zecken leben, je nach Klima, von März bis November auf Gräsern, Stauden und anderen Gehölzen und lauern dort, bis ein geeigneter Wirt vorbeikommt, auf den sie sich fallen lassen,

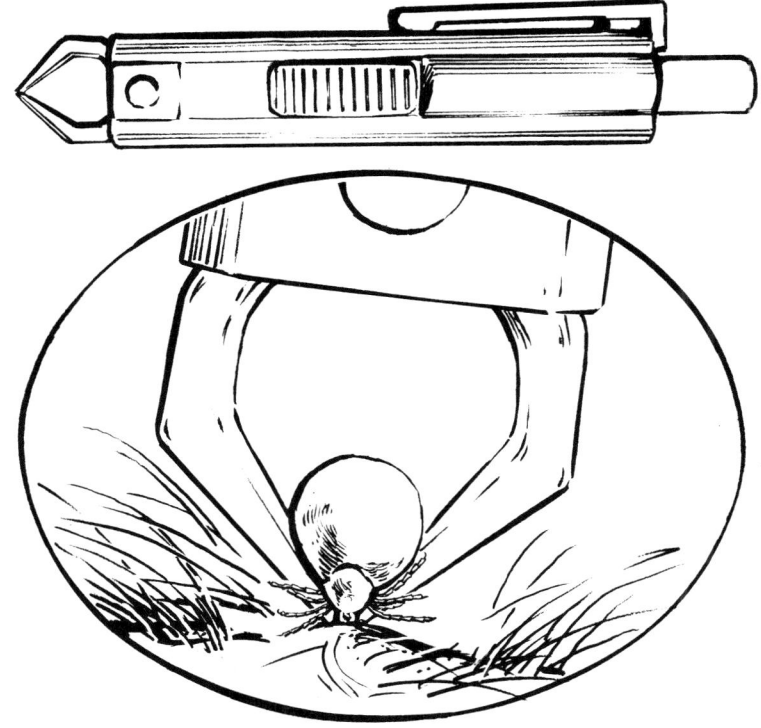

um Blut zu saugen. Gefährlich sind Zecken in den letzten Jahren vor allem deshalb geworden, weil sie beim Saugen teils lebensgefährliche Krankheiten wie Borreliose, FSME (Frühsommer-Menin-go-Enzephalitis), Babesiose und Ehrli-chiose übertragen können. Suchen Sie vor allem im Frühjahr und Sommer direkt nach jedem Spaziergang das Fell Ihres Westies nach Zecken ab. Sein weißes Fell hat hier den entscheidenden Vorteil, daß die Plagegeister relativ leicht zu entdecken sind.

Hat eine Zecke ein Opfer gefunden, sucht sie zunächst eine wenig behaarte Stelle, wo sie sich gut festbeißen kann. Da sie sich nicht sehr schnell bewegt,

können Sie, sind Sie fix genug, die Zecke unschädlich machen, noch bevor sie zugebissen hat.

Wenn Sie eine Zecke erst aufspüren wenn sie sich schon festgesaugt hat, bleibt Ihnen nur die Übung mit der Zeckenzange. Fassen Sie die Zecke dabei so nah wie möglich an den Mundwerk-zeugen, bewegen die Zange kurz hin und her (nicht drehen) und ziehen so die Zecke ganz heraus. Achten Sie darauf, daß nicht ein Teil des Kopfes abreißt und steckenbleibt. Die Wunde behandeln Sie mit einer desinfizierenden Salbe.

Zur Vorsorge gegen Zecken gibt es Zeckenhalsbänder und auch Medika-mente in Tabletten- und Tropfenform,

Entwurmungsplan

erste Entwurmung im Alter von 14 Tagen

wöchentliche bis vierzehntägige Entwurmung bis zum Alter von 8 Wochen

vierteljährliche Entwurmung bis zum Alter von einem Jahr

Entwurmung 10–14 Tage vor einem fälligen Impftermin

vierteljährlich Untersuchung von Kotproben, Entwurmung nur bei Befall ab einem Alter von einem Jahr

die Sie jedoch nur bei starker Gefährdung anwenden sollten. Bei Zuchttieren, besonders bei tragenden und säugenden Hündinnen, sollten Sie die Nebenwirkungen ernst nehmen. Besser ist, stark befallene Gebiete zu meiden und Ihren Westie nach jedem Spaziergang gründlich abzusuchen.

MILBEN ▶ Hunde können von den verschiedensten Milbenarten befallen weden. Da diese Parasiten sehr winzig sind, ist ein Befall oft nur durch den Tierarzt festzustellen. Die häufigsten Milben, von denen Ihr Westie befallen werden kann sind:

Grasmilben: Die Larven bleiben im Fell des Hundes hängen und bohren sich meist im Pfotenbereich in die Haut, wo sie als kleine rote Pünktchen zu erkennen sind. Der Hund leidet unter einem starken Juckreiz und beißt sich oft in die betroffenen Körperpartien. Lassen Sie sich von Ihrem Tierarzt ein wirksames Mittel empfehlen.

Haarbalgmilben: Selbst bei vielen gut gepflegten Hunden findet man diese in den Haarbälgen im Gesichtsbereich lebenden Parasiten. Bei einem gut gepflegten, gesunden Westie können sie keinen Schaden anrichten. Ist der Hund jedoch z.B. durch eine andere Krankheit geschwächt, können auch die Milben Oberhand gewinnen. Sie verursachen die Räude, die mit Hautentzündungen verbunden ist und unbedingt vom Tierarzt behandelt werden muß.

Grabmilben: Diese Plagegeister bohren sich in die Haut und graben dort Gänge. Dies verursacht Juckreiz und Haarausfall. Auch hier ist die Hilfe des Tierarztes gefragt.

Ohrmilben: Sie befallen Gehörgang und Ohrschleimhäute und verursachen neben Juckreiz die Bildung von dunklem, schlecht riechendem Ohrenschmalz. Eine rasche Behandlung durch den Tierarzt ist wichtig, um chronische Schäden am Ohr zu vermeiden.

WÜRMER ▶ Die inneren Parasiten, bei Hunden vor allem verschiedene Wurmarten, bereiten heute keine großen Probleme mehr, da Sie Ihren Westie dagegen sehr gut schützen und ihn auch, falls einmal befallen, wieder befreien können. Ein Westie, der stark von Würmern befallen ist, wird appetitlos, verliert Gewicht, wirkt apathisch, und sein Fell wird stumpf und struppig, der Kot kann wäßrig, schleimig oder sogar blutig sein.

Wenn Sie Ihren Westie-Welpen von einem ordentlichen Züchter erworben haben, wird er dort bereits mehrfach entwurmt worden sein. Bis zum Alter von einem Jahr sollten Sie die Entwurmungen regelmäßig wiederholen (siehe Entwurmungsplan). Bei einem älteren

Lassen Sie Ihren Westie regelmäßig auf Wurmbefall untersuchen, denn einige Parasiten sind auf den Menschen übertragbar.

Hund ist es sinnvoller, regelmäßig Kotproben auf Wurmbefall untersuchen zu lassen, und dann nur bei Bedarf ein ganz spezifisches Entwurmungsmittel zu geben, um den Hund nicht unnötig zu belasten.

Spulwürmer: Sie leben im Darm des Hundes, ihre Larven als Ruhestadien in der Muskulatur. Bei einer trächtigen Hündin werden die Larven aktiv und infizieren die Welpen schon im Mutterleib. Etwa drei Wochen nach der Geburt scheiden die Welpen infektiöse Eier aus, mit denen sich auch die Mutterhündin wieder anstecken kann. Deshalb sollten die Welpen 14 Tage nach der Geburt zum erstenmal entwurmt werden, ebenso die Mutter.

Hakenwürmer: Dies sind blutsaugende Parasiten, die sich in der Darmwand festsetzen. Neben Verdauungsstörungen kann es zu Blutarmut kommen.

Bandwürmer: Häufig stecken sich Hunde dadurch an, daß sie mit Zwischensta-dien infizierte Flöhe oder Haarlinge zerbeißen. Die fertig entwickelten Würmer leben im Darm des Hundes. Eine Bandwurminfektion kann man oft mit bloßem Auge erkennen: Im Kot und in der Afterregion, bei starkem Befall sogar im ganzen Fell, findet man ausgeschiedene Bandwurmglieder, die wie Reiskörner aussehen. Manchmal beobachtet man auch, daß der Westie dann »Schlitten fährt«, das heißt, er rutscht mit dem

Vorbeugung gegen Würmer

Einige Vorsichtsmaßnahmen können die Gefahr der Ansteckung Ihres Westies mit Würmern verringern:

► Flöhe und Haarlinge bekämpfen.
► Kein rohes Fleisch oder rohen Fisch füttern.
► Keinen Kot, erbeutete Mäuse oder gar Ratten fressen lassen.
► Sogenannte »Hundeklos« meiden.

Hinterteil über den Boden, um den Juckreiz zu stillen, der durch die Bandwurmsegmente verursacht werden kann. Neben dem Wurm selbst müssen immer auch mögliche Flöhe und Haarlinge bekämpft werden. Hygiene ist außerdem oberstes Gebot, da die Bandwürmer auch auf den Menschen übertragen werden können.

► Haut und Haare

Gesunde Haut ist von einer großen Anzahl Bakterien besiedelt, und der Westie wird, solange das Gleichgewicht nicht gestört ist, damit fertig. Regelmäßige Fellpflege mit Kamm und Bürste durch Sie ist besonders wichtig. Dies dient nicht nur der Reinigung des Fells und dem Entfernen von abgestorbenen Haaren. Auch lose Schuppen und sonstige abgestorbene Hautbestandteile werden so entfernt, der Verfilzung und dadurch verstärktem Parasitenbefall wird vorgebeugt, außerdem werden die natürlichen Absonderungen der Haut, wie z.B. Talg, gleichmäßig verteilt. Diese bieten zusätzlich natürlichen Schutz für Haut und Haar. Darüber hinaus hat das regelmäßige Kämmen und Bürsten einen Massageeffekt, es kommt mehr Luft an die Haut, und diese wird besser durchblutet.

Haut: Nicht nur Parasiten können die Haut Ihres Westies schädigen. Viele Hauterkrankungen sind auf Einflüsse aus der unmittelbaren Umwelt zurückzuführen. Wenn Sie Hautirritationen bei Ihrem Westie feststellen, nehmen Sie alle Plätze, an denen Ihr Hund schläft oder sich sonst regelmäßig aufhält, unter die Lupe. Haben Sie ein reizendes Putzmittel verwendet? Hatte Ihr Westie Kontakt mit einer giftigen Zimmerpflanze? Chemische, pflanzliche und tierische Substanzen sowie UV-Licht können Allergien auslösen.

Überdenken Sie auch Ihre Fütterungsgewohnheiten. Haben Sie eine neue Marke ausprobiert? Hat Ihr Hund

Westies von gesunden Eltern, sorgfältig aufgezogen, vernünftig ernährt, artgerecht beschäftigt und vor Infektionen geschützt bleiben lange fit.

viel vom menschlichen Eßtisch abbe-
kommen? Mangelerscheinungen oder
Futtermittelalergien können sich in
Hautproblemen äußern.

In den letzten Jahren wurde die Bedeutung von Hausstaubmilben als Auslöser von allergischen Hautreaktionen
auch bei Hunden immer mehr erkannt.
Zur Bekämpfung reicht Staubsaugen allein nicht aus. Vermehrtes Lüften hilft,
Luftfilter bringen keine besondere Ent-
lastung, eher schon regelmäßige Spezi-
alreinigung von Teppichen und Tep-
pichböden. Der negative Einfluß von Ta-
bakrauch auf allergische Reaktionen
wurde auch bei Hunden nachgewiesen.
Haare: Wenn sich das weiße Haarkleid
Ihres Westies an einer Stelle verfärbt,
sollten Sie immer die Ursache erfor-
schen. Im Kopfbereich sind Speichel
und Tränenflüssigkeit natürliche Auslöser für eine bräunliche bis rötliche Verfärbung. Verfärbt sich das Fell an anderen Stellen durch häufiges Belecken
oder entstehen kahle Stellen, versuchen
Sie herauszufinden, was der Auslöser
ist und beseitigen Sie ihn – gegebenenfalls mit Hilfe des Tierarztes.

Manchmal kommt es auch vor, daß
sich fast das gesamte Haarkleid bräun-
lich verfärbt. Dann kann dies an einem
Futterbestandteil oder Arzneimittel liegen. An Ihrer Beobachtungsgabe liegt es
dann, wie schnell Sie herausfinden, um
welchen Stoff es sich handelt. Nicht ver-
wechseln sollten Sie dies mit dem brau-
nen Streifen über dem Rücken, der bei
sehr hartem Haar entsteht, wenn es
nicht sachgemäß getrimmt wird.

► Augen

Bindehautentzündung: Von den Erkrankungen am Auge ist die Bindehautentzündung am häufigsten. Sie kann durch
Bakterien, aber auch starken Luftzug,
z.B. beim Autofahren, oder mechanische Reizung, beispielsweise durch
Sand, Pollen, Grashalme oder sonstige
Fremdkörper, hervorgerufen werden.
Sie äußert sich durch Rötung der Bindehaut, vermehrten Tränenfluß und
Juckreiz, der den Westie veranlaßt, den
Kopf am Boden zu reiben. Mit Augentropfen oder -salbe vom Tierarzt bekommt man eine Entzündung relativ
rasch in den Griff.

Eine Bindehautentzündung kann
auch durch ständige mechanische Reizung durch feine Härchen an der
Innenseite der Augenlider ausgelöst
werden. Diese Härchen müssen
schnellstmöglich vom Tierarzt entfernt
werden.
Hornhautentzündung: Eine Entzündung des durchsichtigen vorderen Teils
des Auges, der Hornhaut, ist meist an
einer mehr oder weniger deutlichen
Trübung zu erkennen. Oft kneift der
Westie das kranke Auge leicht zu. Gehen Sie auf jeden Fall zum Tierarzt,
denn eine nicht behandelte Hornhautentzündung kann zu einer umfangrei-
chen Trübung oder gar Erblindung
führen.
Lidfehlstellungen: Fehlstellungen der
Augenlider (Entropium = nach innen
gerolltes Augenlid, Ektropium = nach
außen gerolltes Augenlid), wie man sie
häufig z.B. bei Doggen, Boxern, Rott-
weilern oder Bernhardinern sieht, kommen beim Westie kaum vor. Nur selten
tritt ein Entropium auf, das dann vom
Tierarzt operiert werden muß. Da es
sich hierbei um einen erblichen Defekt
handelt, darf mit einem solchen Hund
nicht gezüchtet werden.
Trockenes Auge: Eine bekannte Erbkrankheit bei Westies ist das »trockene

▶ Medikamente geben

Flüssige Medikamente träufelt man mit Hilfe einer Einwegspritze (ohne Nadel!) oder Pipette in die Lefzentasche. Dann hält man den Fang so lange zu, bis man sicher ist, daß der Westie die Flüssigkeit geschluckt hat.
Tabletten, die im Ganzen geschluckt werden müssen, legt man tief in den Rachen auf den Zungengrund. Halten Sie wieder den Fang zu, und streichen Sie mehrmals sanft über die Kehle, damit der Westie schluckt. Einfacher geht es, wenn man die Tabletten in Wasser auflösen und wie oben beschrieben verabreichen kann oder kleingekrümelt, mit etwas Leberwurst vermischt, dem Westie schmackhaft macht.

Auge« mit dem medizinischen Fachausdruck »Keratokonjunktivitis sicca«. Es bezeichnet den Mangel an Tränenflüssigkeit in einem oder beiden Augen, was zum Austrocknen der Bindehäute und der Hornhaut führt. Erste Anzeichen für eine Erkrankung sind vermehrtes Blinzeln, Juckreiz, auch Lichtscheue kommt vor. Meist tritt die Krankheit im Alter von 4 bis 5 Jahren auf. Im weiter fortgeschrittenen Stadium wird die Hornhaut stumpf, gar rötlich oder braunschwarz. Die Bindehäute sind stark gerötet, Schleim sammelt sich, so daß die Augenlider sogar verkleben können. Die Erkrankung ist bisher nicht endgültig heilbar und erfordert in der Regel eine lebenslange Behandlung. Bei regelmäßiger, fachgerechter Pflege kann sich zumindest der Zustand von Hornhaut und Bindehaut wieder so weit bessern, daß die Entzündung zurückgeht und der Hund beschwerdefrei leben kann. Ihr Tierarzt sollte im Rahmen seiner Routineuntersuchung mit einem Teststreifen die Menge der produzierten Tränenflüssigkeit feststellen, damit frühzeitig vorsorgliche Maßnahmen getroffen werden können.

▶ Atemwege

Auf Entzündungen im Mund-Rachen-Bereich weisen eine sehr vorsichtige Futteraufnahme, verstärktes Speicheln und oft ein schlechter Geruch aus dem Maul hin. Der Tierarzt muß die Ursache dafür klären und entsprechende Medikamente geben.

Entzündungen der Mandeln, des Rachens und der Halslymphknoten kommen vor allem bei Welpen und jungen Hunden vor, wenn sie sich »erkälten«. Dabei kann auch Fieber auftreten. Sie können diese Erkrankung auch an der schlechten Futteraufnahme bemerken, da die Hunde oft Schluckbeschwerden haben.

Verhält sich Ihr Weste sehr unruhig, würgt, hustet, kaut und fährt sich mit den Pfoten über die Schnauze, sollten Sie nachsehen, ob er einen Fremdkörper aufgenommen hat, der nun zwischen den Zähnen, in der Mundhöhle oder im Rachen festsitzt. Ein wirklich festgeklemmter Gegenstand, der sich vielleicht auch schon in die empfindliche Schleimhaut im Mund-Rachen-Bereich gebohrt hat, muß vom Tierarzt entfernt werden.

Erkrankungen der Luftröhre, Bronchien oder Lunge können Sie an einer beschleunigten Atmung, rasselnden,

Wenn ein Westie ein deutlich höheres Schlafbedürfnis hat, kann das auch ein erstes Anzeichen für eine gesundheitliche Störung sein.

schniefenden oder reibenden Atemgeräuschen oder trockenem, rasselndem, anfallsweisem oder ständigem Husten feststellen.

Für Erkrankungen im Brustraum gibt es sehr verschiedene Ursachen und Anzeichen. Häufig ist die entzündliche Erkrankung der Bronchien nach Unterkühlung oder Durchnässen. Sind nicht nur die Bronchien, sondern auch das Lungengewebe betroffen, so handelt es sich um eine Lungenentzündung. Bei Schmerzhaftigkeit des Zwischenrippengewebes kann eine Brustfellentzündung vorliegen. Atembeschwerden, Atemnot und Rasseln sind Zeichen einer Sekretansammlung im Brustraum.

Husten und Atemnot können auch Anzeichen einer Erkrankung von Herz und Kreislauf oder Herz und Nieren sein. Der sogenannte »Herzhusten« älterer Hunde hat seine Ursache in einer Störung der Herzfunktion. Er ist trocken, bellend, oft auch würgend und tritt anfallsweise auf, als hätte der Hund etwas im Hals stecken. Sämtliche Symptome können aber auch auf verschluckte Fremdkörper, z.B. Futterteile, hinweisen, die in der Luftröhre oder in den Bronchien stecken.

Alle vorgenannten Anzeichen können Zeichen einer ernstlichen Erkrankung Ihres Westies sein, daher sollten Sie umgehend einen Tierarzt aufsuchen, wenn Sie diese feststellen.

▶ Herz und Kreislauf

Herz- und Kreislaufbeschwerden treten vor allem bei älteren Hunden auf. Sie können sie meist an einer deutlichen Kurzatmigkeit beim Laufen erkennen. Die Hunde wollen nicht mehr so freudig mitlaufen, rennen und spielen nicht mehr so ausdauernd und bleiben häufig sitzen, um zu verschnaufen.

Häufige Leiden bei Hunden sind Herzklappenfehler, Herzmuskelentzündungen und Arteriosklerose. Ihr

Tierarzt kann die Diagnose u. a. mit Hilfe eines Elektrokardiogramms stellen. Die Behandlung richtet sich nach der Art der Erkrankung, meist kann mit Medikamenten geholfen werden, die durch eine gezielte Diät unterstützt werden. In einigen Fällen lassen sich angeborene Herzfehler auch chirurgisch beheben, mit diesen Hunden sollten Sie jedoch in keinem Fall züchten.

Herzversagen mit plötzlichem Herztod tritt durch Vergiftungen, bei angeborenen Herzfehlern, bei Überlastung und z.B. auch bei Überhitzung auf. Die Tiere fallen plötzlich um, Zunge und Mundschleimhäute färben sich bläulich, sie sind bewußtlos, die Atmung setzt aus. Nur bei schnellster tierärztlicher Behandlung besteht hier eine Chance auf Rettung. Doch diese Fälle sind glücklicherweise nur äußerst selten.

▶ Fiebermessen

Eine erhöhte Körpertemperatur ist immer ein Hinweis darauf, daß der Körper gegen eine Erkrankung kämpft.
Um bei Ihrem Westie Fieber zu messen, stellen Sie ihn auf einen Tisch und lassen ihn von einer zweiten Person festhalten. Benutzen Sie ein dünnes, unzerbrechliches Digitalthermometer, das Sie an der Spitze einfetten. Heben Sie die Rute an und führen das Thermometer maximal 3 cm tief in den Enddarm ein. Nach etwa einer Minute zeigt das Thermometer mit einem akustischen Signal das Ende der Meßzeit an.

▶ Verdauungstrakt und Harnwege

Erkrankungen von Magen und Darm kommen bei Hunden häufiger vor. Anzeichen dafür können sein: Erbrechen, Durchfall oder Verstopfung, Änderung des Kots in Form, Farbe oder Menge, vermehrtes Grasfressen, Appetitlosigkeit oder Heißhunger, plötzliches Aufblähen, Apathie und Schmerzempfinden.

Fast ebenso häufig sind Erkrankungen von Blase, Nierenbecken und Nieren, die sich durch vermehrten Harndrang äußern, wobei nur geringe Mengen Harn abgesetzt werden. Weitere Symptome können Durchfall und Erbrechen, das Liegen auf kalten Stellen und ein gekrümmter Rücken sein.

ERBRECHEN ▶ Die verschiedensten Ursachen können dahinterstecken, wenn ein Hund sich erbricht. Junge Hunde schlingen oft ihr Futter rasend schnell hinunter, um es dann sofort wieder, meist im Hundekorb, zu erbrechen und gleich nochmal zu fressen. Dies ist nicht krankhaft, sondern ein Erbe der wilden Vorfahren, für die es oft die einzige Möglichkeit war, eine ausreichende Menge der erlegten Beute für sich in Sicherheit zu bringen.

▶ TIP

Eine Probe des Erbrochenen oder des Kotes kann dem Tierarzt wertvolle Hinweise für die richtige Diagnose liefern.

Verdorbenes Futter, ein verschluckter Fremdkörper, ein »nervöser Magen«, Grasfressen – dies alles können Ursachen für Erbrechen sein. Wenn Sie sich nicht sicher sind, daß es sich um etwas Harmloses handelt, gehen Sie zum Tierarzt.

Bei allen Hundehaltern sehr gefürchtet, da für den Hund lebensbedrohlich, ist die Magendrehung. Nach dem Fressen kann sich der Magen, ausgelöst durch heftige Bewegungen z.B. beim Spielen, um seine Längsachse drehen. Dadurch werden Magenein- und -ausgang verschlossen. Schon nach kurzer Zeit beginnen die Hunde zu würgen, evtl. zu erbrechen, und der Bauch ist dick aufgetrieben. Zeigt Ihr Westie nach dem Fressen diese Symptome, gehen Sie sofort zum Tierarzt, der operieren muß. Die Magendrehung tritt häufiger bei großen Hunden auf, doch auch für Ihren Westie sollten Sie diese einfachen Vorsichtsmaßnahmen beachten: Geben Sie ihm nie zu große Futterportionen auf einmal, und lassen Sie ihn nach dem Fressen mindestens eine Stunde ruhen.

DURCHFALL ▶ Durchfall kann durch Ernährungsfehler, Erkältungen (Schneefressen), Wurmbefall, Bakterien Viren oder das Verschlucken von Gegenständen ausgelöst werden.

Ist dem Kot kein Blut beigemengt, können Sie versuchen, das Problem durch eine strikte »Nulldiät« für einen Tag und schwarzem Tee anstelle des Trinkwassers zu lösen. Am nächsten Tag bekommt er dann »Schonkost« (z.B. weich gekochten Reis mit wenig Hackfleisch oder Hüttenkäse) in kleinen Portionen und sollte schon wieder auf dem Weg der Besserung sein. Hält der Durchfall aber an oder findet sich Blut im Stuhl, so gehen Sie sofort zum Tierarzt. Durch den hohen Wasserverlust kann Durchfall für Welpen schnell in lebensbedrohliche Situationen führen.

»Nach dem Essen sollst Du ruh'n...« – das sorgt für eine geregelte Verdauung.

BLASENENTZÜNDUNG ▶ Vor allem nach langen Spaziergängen in der Kälte, wenn Ihr Westie vielleicht auch noch völlig durchnäßt wurde, kann es schnell zu einer Blasenentzündung kommen. Er zeigt dann häufigen Harndrang, wobei die Menge an Urin nicht gesteigert ist. Gehen Sie mit Ihrem Hund zum Tierarzt, da eine Entzündung der Blase sich auf Nierenbecken und Nieren ausweiten kann. Vorbeugend reiben Sie Ihren Westie gründlich ab, wenn er auf einem Spaziergang naß geworden ist, und achten darauf, daß er in der Wärme und ohne Zug gut trocknen kann.

▶ Bei diesen Symptomen sofort zum Tierarzt!

anhaltender Durchfall mit und ohne Erbrechen

anhaltendes Erbrechen mit und ohne Durchfall

erfolgloses Würgen mit starkem Speicheln

Fieber über 39°C

Krampfzustände

Blutungen aus jeglichen Körperöffnungen

Kreislaufprobleme: bleiche Schleimhäute, Zittern, blaue Zunge, kurzfristige Ohnmacht

Bewegungsstörungen, starkes Speicheln, Zittern, auffällig geweitete Pupillen

Taumeln und »weiche Knie«

stark anschwellende Insektenstiche mit Atemnot

stark blutende Verletzungen

aufgetriebener Bauch, Würgen, ohne erbrechen zu können

Fremdkörper im Maul, Rachen, Verdauungstrakt oder Ohr

Verletzungen oder Veränderungen am Auge

starke Sekretion aus Nase und/oder Auge

Ohr: häufiges Kratzen, Druckempfindlichkeit, Geruch, Schütteln, Schlagen und/oder Schiefhalten des Kopfes

andauernde Atembeschwerden oder Husten

Ausfluß aus den Geschlechtsorganen

Verdacht auf Vergiftung (Erbrechen, Durchfall, Muskelkrämpfe, Zittern, Atemnot, starkes Speicheln, blutige Maulschleimhaut)

jegliche andere Veränderungen, die Ihnen Sorgen bereiten

▶ **Erbkrankheiten**

Leider gibt es auch beim Westie vererb-
bare Krankheiten, die vor allem den Be-
wegungs- und Stützapparat betreffen.
Obwohl Hunde, die an einer Erbkrankheit leiden, nicht zur Zucht zugelassen
sind, konnten diese Probleme nicht völlig ausgemerzt werden.

▶ **TIP**

*Hunde, die an einer Erbkrankheit
leiden, dürfen in keinem Fall zur
Zucht eingesetzt werden.*

▶ **CMO-Symptome**

Schwere Fälle von CMO sind bereits
zwischen 6 und 10 Wochen zu erkennen. Betroffene Welpen verkriechen
sich, sondern sich von den Wurf-
geschwistern ab. Sie sind im Kopfbereich sehr druck-, stoß- und
schmerzempfindlich und lassen sich
daher kaum am Fang berühren. Weitere Anzeichen sind Freßunlust, gla-
sige Augen, z.T. auch Fieberschübe.

CMO: Die Craniomandibuläre Osteopathie (CMO), auch Löwenkiefer genannt,
wird durch eine Störung im Kalzium-
stoffwechsel verursacht.

Vor allem der Unterkiefer, der während des Wachstums besonders viel Kalzium benötigt, ist betroffen. Es kommt
zu verstärkter Verknorpelung, die blu-
menkohlartige Auswüchse annehmen
kann. Sie kann in schweren Fällen mit
Verknöcherungen an den Wachstums-
fugen von Elle und Speiche verbunden
sein. Diese Erkrankung tritt hauptsächlich im Alter von 3 bis 12 Monaten, in
besonders schweren Fällen auch schon
früher auf. Unter ärztlicher Behandlung, meist mit Schmerzmitteln und
Kortison, ist die Krankheit im Alter von
etwa einem Jahr meist überstanden,
und der Westie kann danach ein völlig
normales Hundeleben führen. Züchten
dürfen Sie mit diesem Hund jedoch
nicht, und auch von einer Wurfwieder-
holung mit den gleichen Eltern ist Abstand zu nehmen.

Perthes: Bei der »Calvé-Legg-Perthes-Er-
krankung« handelt es sich um eine teilweise Auflösung des Oberschenkel-
kopfes bei Hunden kleiner Rassen.

Meist treten die ersten Symptome im
Alter von 3 bis 10 Monaten auf. Der Westie schont deutlich einen Hinterlauf,
der im Verlauf der Krankheit auch von
Lahmheit, erhöhter Schmerzhaftigkeit
und einer Schrumpfung der Oberschen-
kelmuskulatur betroffen wird.

Der Tierarzt kann diesen Defekt the-
rapieren, zum Teil ist auch eine Operation nötig, so daß der Westie seine Bewe-
gungsfreiheit wieder erlangen kann.
Auch hier gilt: Erkrankte Hunde sind
von der Zucht ausgeschlossen.

HD: Bei der Hüftgelenksdysplasie (HD)
handelt es sich um eine Deformierung
des Hüftgelenks. Sie gilt bei über 100
Rassen als erblich. Bei Westies tritt sie
glücklicherweise nur sehr selten auf.
Verschiedene Behandlungsmethoden
können die Symptome mildern und den
Prozeß der Deformierung aufhalten,
heilbar ist diese Krankheit jedoch nicht.

Patellaluxation: Diese Erbkrankheit be-
trifft überwiegend kleine Rassen, beim
Westie ist sie jedoch verhältnismäßig
selten. Die Bänder im Knie, die die
Kniescheibe im Normalfall an ihrem
Platz halten, können diese Aufgabe
nicht mehr erfüllen und fixieren die Pa-

Die Heilkraft der Ringelblume (Calendula) können Sie auch für Ihren Westie nutzen.

tella nicht richtig. Ein betroffener Hund lahmt zeitweise, durch eine Operation kann ihm aber geholfen werden. Zuchttiere müssen vor der Zuchtverwendung auf jeden Fall auf Patellaluxation untersucht werden.

▶ Alternative Heilmethoden

Immer mehr Menschen wenden heute nicht nur für sich, sondern auch für ihre vierbeinigen Gefährten sanfte, alternative Heilmethoden an, die nicht mit der Chemiekeule zuschlagen und frei von Nebenwirkungen sind. Kleinere Unpäßlichkeiten und leichtere Erkrankungen Ihres Westies können Sie auf diese schonende Art behandeln. Für alle Heilmethoden gilt: Sprechen Sie sich im Zweifelsfall immer mit Ihrem Tierarzt ab.

HOMÖOPATHIE ▶ Homöopathische Mittel enthalten pflanzliche, tierische oder mineralische Substanzen in sehr starker Verdünnung, die in hohen Dosen Symptome hervorrufen würden, die denen der zu behandelnden Krankheit entsprechen (Simileregel). In der Hochverdünnung regen die Stoffe aber die Selbstheilungskräfte des Körpers an. Dieses Heilprinzip wurde von Samuel Hahnemann (1755–1843) begründet. Homöopathika sollten Sie nicht auf eigene Faust einsetzen. Das richtige homöopathische Heilmittel findet Ihr Tierarzt, indem er die Symptome Ihres Hundes genau mit den Arzneimittelbildern (= die Symptome, die die Substanz in hoher Dosis auslösen würde) geeigneter Medikamente vergleicht.

HEILKRÄUTER ▶ Forscher gehen davon aus, daß Wölfe und wildlebende Hunde bei gesundheitlichen Problemen gezielt bestimmte Pflanzen fressen, die ihnen Linderung verschaffen. Die verschiedensten Pflanzenteile, von den Blättern bis hin zu Blüten und Früchten, enthalten eine Vielzahl von heilenden Wirkstoffen. Kräuter können Sie bei Ihrem Hund z.B. als Tees, Salben, Öle oder Futterzusatz anwenden. Heilkräuter mindestens 2, höchstens 6 Wochen lang anwenden. Tritt keine Besserung auf, gehen Sie zum Tierarzt.

BACHBLÜTEN ▶ Wäßrige Auszüge aus den Blüten von 37 verschiedenen wildwachsenden Pflanzen sowie reines Quellwasser sollen Heilkräfte enthalten, die das seelische Gleichgewicht des Patienten positiv beeinflussen sollen. Indem negative seelische Zustände beseitigt werden, wird die körpereigene Abewehr gestärkt und das Allgemeinbefinden bessert sich. Bekannt sind vielen die Notfall- oder Rescue-Tropfen, die eine Kombination aus 5 verschiedenen Bachblüten enthalten und z.B. bei Schockzuständen den Zustand des Patienten stabilisieren helfen.

AKUPUNKTUR ▶ Bei dieser chinesischen Heilmethode werden Metallnadeln in bestimmte sensible Punkte der Haut eingestochen. Über Energiebahnen werden erkrankte Organe zur Heilung angeregt oder Schmerzen gelindert. Um Akupunktur anwenden zu können, bedarf es einer besonderen Ausbildung.

AKUPRESSUR ▶ Hierbei werden die sensiblen Punkte nicht mit Hilfe von

Hausapotheke

- Fieberthermometer
- Pinzette
- Verbandschere
- Verbandsmaterial: Watte, Kompressen, Mullbinde, elastische Binde, Klebeband
- Einwegspritze
- Desinfektionsmittel
- Wund- und Heilsalbe
- Insektenstich-Gel
- Pfotenpflegemittel
- Augentropfen
- Kamillentee, Schwarztee
- Mittel gegen Durchfall und Verstopfung
- Kreislaufmittel
- Wurmmittel
- Flohpuder
- Telefonnummern des Tierarztes und des tierärztlichen Notdienstes

Nadeln, sondern durch sanften Druck angeregt. Wenn Sie sich von Ihrem Tierarzt oder Tierheilpraktiker die richtigen Stellen zeigen lassen, können Sie Ihren Westie auch selbst behandeln.

MASSAGE ▶ Vor allem bei Erkrankungen des Bewegungsapparates kann Massage sehr hilfreich zur Unterstützung der konventionellen Therapie eingesetzt werden. Die meisten Hunde genießen es sogar sehr, von Ihrem Menschen sanft massiert zu werden. Bevor Sie selbst Hand an Ihren Westie legen, lassen Sie sich von einem Fachmann erklären, wo und wie sie massieren müssen.

▶ Erste Hilfe

Auch wenn Sie noch so gut auf Ihren Westie achtgeben, so können Sie doch nie ganz ausschließen, daß er in eine Situation gerät, in der er verletzt wird und Sie ihm rasch helfen müssen.

Sprechen Sie mit Ihrem Hund und berühren Sie in vorsichtig. Bekannte Stimmen und Berührungen tragen in der Regel dazu bei, daß sich der Patient schneller wieder beruhigt. Doch seien Sie vorsichtig: In einem Ausnahmezustand, und jede auch noch so kleine Verletzung stellt einen solchen Zustand

▶ Schocksymptome

Körperschwäche bis hin zum totalen Zusammenbruch

blasse Schleimhäute

kalte Beine und Ohren

flache oder japsende Atmung

Wimmern

Orientierungslosigkeit

Erbrechen

unwillkürliches Absetzen von Urin und Kot

dar, kann es sein, daß Ihr sonst immer braver Hund nach Ihnen schnappt.

TIP
Wichtigste Grundregel: Bewahren Sie in einer Notfallsituation unbedingt die Ruhe.

UNFALL ▶ Nach einem Unfall ist es zunächst einmal wichtig, die Unfallstelle abzusichern. Kümmern Sie sich dann um Ihren Hund. Ist er bewußtlos? Blutet er, oder sind Gliedmaßen unnatürlich verdreht? Steht er unter Schock, ist aggressiv oder völlig apathisch?

Leinen Sie den Westie an, bringen Sie ihn an einen sicheren, ruhigen Ort, und hüllen Sie ihn in eine Decke ein. Falls er nach Ihnen beißt, können Sie ihm das Maul vorsichtig mit einer Schlinge verschließen. Einen bewußtlosen Hund lagern Sie in der Seitenlage und ziehen ihm die Zunge aus dem Maul, damit sie nicht nach hinten rutschen und die Atemwege verschließen kann. Kontrollieren Sie Atem- und Pulsfrequenz. Bevor Sie den verletzten Hund transportieren, sollte sich sein Zustand etwas stabilisiert haben. Bei lebensgefährlichen Verletzungen, Atem- oder Herzstillstand müssen Sie allerdings sofort Erste Hilfe leisten und so schnell wie möglich zum Tierarzt. Wenn Sie für die Erstversorgung kein spezielles Erste-Hilfe-Set für Ihren Hund haben, benutzen Sie die Utensilien aus dem Autoverbandskasten.

Es kann sehr hilfreich sein, die Tierarztpraxis telefonisch zu informieren, bevor Sie einen verunfallten Hund dort hin bringen. Schildern Sie genau, was vorgefallen ist und welche Syptome und Verletzungen Sie festgestellt haben.

Während Sie dann auf dem Weg in die Praxis sind, können dort schon Vorbereitungen für eine schnelle Behandlung getroffen werden.

VERLETZUNGEN ▶ Offene Wunden decken Sie mit einem sterilen, zumindest aber sauberen und fusselfreien Tuch oder Verbandmull ab. Bei starken Blutungen legen Sie einen Druckverband an, binden aber nicht ab. Ist eine Vene verletzt, quillt dunkelrotes Blut aus der Wunde, bei einer verletzten Arterie spritzt hellrotes Blut in Stößen hervor.

Tragen Sie keine Heilsalben auf, bevor ein Tierarzt die Wunde gesehen hat und lassen Sie starke Verunreinigungen von diesem entfernen. Auch wenn Ihr Westie nach einem Unfall äußerlich unverletzt erscheint, gehen Sie mit ihm zum Tierarzt. Innere Verletzungen können Sie selbst nicht erkennen.

Ist Ihr Westie in eine Rauferei geraten, untersuchen Sie ihn hinterher gründlich auf Bißverletzungen. Oberflächlich sind oft nur kleine Löcher in der Haut zu sehen, doch es können auch tiefere Gewebeschichten verletzt worden sein. Gehen Sie auf Nummer sicher und bringen Sie den Raufer besser zum Tierarzt.

Eine Gefahr stellen auch die Keime dar, die bei einem Biß in die Wunde gelangen und schlimme Entzündungen auslösen können. Desinfizieren Sie deshalb Bißwunden gründlich.

Verletzungen im Zehen- und Ballenbereich durch scharfe oder spitze Gegenstände kommen recht häufig vor. Kleinere Schnittverletzungen sollten Sie immer gut reinigen und dann mit einem Verband vor weiteren Verunreinigungen schützen. Starke Blutungen sollten Sie zunächst stillen und schnellstmöglich den Hund zu einem Tierarzt bringen. Steckt der Gegenstand noch in der Wunde, ziehen Sie ihn nicht selbst heraus, da dabei weitere Verletzungen entstehen können. Sichern Sie ihn mit einem Verband und lassen ihn vom Fachmann entfernen.

BRÜCHE ▶ Wenn eine odere mehrere der Gliedmaßen nach einem Unfall in einer völlig unnatürlichen Stellung gehalten wird, so liegt meist ein Bruch oder eine Verrenkung vor. Kann ein Hund nach einem Unfall nicht mehr stehen oder laufen, müssen Sie mit einer derartigen Verletzung rechnen.

Bei einem Bruch können Sie durch entsprechende Polsterung, bei offenen Brüchen zusätzlich noch einem Verband, dem Hund beim Transport zum Tierarzt einige Schmerzen ersparen. Ein zusätzliches Schienen ist nur bei entsprechender Erfahrung angebracht, unsachgemäßes Schienen bereitet dem Hund nur zusätzliche Schmerzen. Zum Transport zum Tierarzt eignet sich sehr gut eine ausgepolsterte Liegeschale oder ähnliches. Eine stabile Unterlage ist wichtig, damit sich die Brüche nicht verschieben.

Verrenkungen und Ausrenkungen betreffen meist nur das Hüft- oder Ellbogengelenk. Durch die äußeren Einwirkungen sind die Gelenkbänder überdehnt oder reißen. Dabei entstehen meist Schwellungen, die ein späteres Einrenken erschweren und noch später gar unmöglich machen. Dann kann nur noch eine Operation helfen.

HITZSCHLAG ▶ Wenn Ihr Westie bei sehr warmem Wetter anfängt zu zittern, seine Bewegung nicht mehr kontrollieren kann, sehr heftig atmet und sein Puls erhöht ist, heißt es sofort handeln: Er hat einen Hitzschlag. Bringen Sie ihn umgehend an einen kühlen, schattigen Ort, und reiben Sie ihn vorsichtig mit nassen Tüchern ab. Vor allem sollten Sie ihm die Beine und Ballen kühlen, jedoch niemals kaltes Wasser über ihn gießen. Nehmen Sie Kontakt mit einem Tierarzt auf.

INSEKTENSTICHE ▶ Westies kennen vor Bienen, Wespen und Hornissen keinen Respekt und schnappen furchtlos nach ihnen. So kann es natürlich passieren, daß ein solches Insekt sich wehrt und Ihr Hund einen Stich davonträgt. Kühlen Sie die Stelle mit einem Eisbeutel und tragen Sie Insektenstich-Gel auf. Gefahr besteht bei einer Allergie und Stichen im Maul oder Rachen. Die Schwellungen können lebensgefährliche Ausmaße annehmen (Erstickungsgefahr). Bringen Sie Ihren Westie sofort zum Tierarzt.

VERBRENNUNGEN ▶ Verbrennungen sollten Sie möglichst rasch und lange mit Wasser kühlen. Bei großflächigen und/oder offenen Verbrennungen decken Sie die Stelle locker mit einer Brandwunden-Folie aus dem Erste-Hilfe-Kasten ab und suchen schnell einen Tierarzt auf. Brandwunden dürfen nicht mit Mull oder ähnlichem verbunden werden. Tragen Sie auch keine Salben oder Gels auf.

FREMDKÖRPER ▶ Wenn Ihr Westie keuchend würgt, den Kopf am Boden reibt oder mit der Pfote versucht, etwas aus dem Fang zu bekommen, hat er einen Fremdkörper aufgenommen. Sehen Sie nach, vielleicht können sie ihn zu fassen bekommen und vorsichtig herausziehen. Sitzt der Gegenstand aber fest, muß ihn der Tierarzt entfernen, um weitere unnötige Verletzungen zu vermeiden.

Hat Ihr Westie einen Fremdkörper bereits verschluckt, äußert sich dies in Erbrechen in kurzen Abständen. Weil die Gefahr besteht, daß der verschluckte Gegenstand den Körper nicht auf natürlichem Weg verlassen kann, sollten Sie umgehend Ihren Tierarzt aufsuchen.

VERGIFTUNGEN ▶ Haben Sie den Verdacht, daß Ihr Westie etwas Giftiges verschluckt hat – Symptome sind Erbrechen, starkes Zittern, Bewegungsstörungen, starkes Speicheln oder Schaum vor dem Mund –, müssen Sie auf dem schnellsten Weg einen Tierarzt aufsuchen. Hilfreich ist, wenn Sie Reste des Gifts, die Verpackung oder auch Erbrochenes mitnehmen können. Denken Sie daran, daß auch manche harmlos aussehenden Pflanzen giftig sein können. Wichtig ist die Schnelligkeit der Behandlung durch einen Fachmann. Verlieren Sie deshalb keine Zeit mit Experimenten, um vielleicht Ihren Westie zum Erbrechen zu bringen.

Erziehung leichtgemacht

Erziehung leichtgemacht

72 ▶	Erziehung – das A und O	79 ▶	Steh!
75 ▶	Früh übt sich	80 ▶	Bleib!
76 ▶	Komm!	80 ▶	Aus!
77 ▶	Sitz!	81 ▶	Bei Fuß!
78 ▶	Platz!	81 ▶	Leinenführigkeit

▶ Erziehung – das A und O

Hundeerziehung ist kein Hexenwerk. Die Zaubermittel sind Zeit, Geduld und liebevolle Konsequenz. Der gut erzogene Westie kann Dinge erleben, die ein schlecht oder nicht erzogener Westie nur sehr selten oder nie sieht, erfährt oder erriecht. Ein nicht oder schlecht erzogener Hund kann kaum irgendwo frei laufen. Leider können Sie täglich beobachten, daß nur die wenigsten Hunde wirklich gut erzogen sind. Viele Menschen finden es zu schwierig oder unbequem, ihre vierbeinigen Schützlinge zu erziehen, und so werden viele Hunde, wenn erst einmal der anfängliche Spaß vorbei ist, nur noch an der Leine mitgezerrt oder gar eingesperrt. Dabei ist es die Auf-gabe für jeden Hundebesitzer, seinem Hund grundlegende Dinge beizubringen und sein Leben so interessant und abwechslungsreich wie möglich zu gestalten. So, wie eine gute Schulausbildung für jedes Kind die Voraussetzung für gute Chancen im Leben bietet, so wichtig ist eine gute Erziehung für einen Hund.

▶ Motivation

Für erfolgreiches Lernen ist es wichtig, daß Schüler und Lehrer motiviert sind. Ihre Stimmung als Lehrer überträgt sich dabei auf Ihren Westie als Schüler. Üben Sie deshalb nur dann mit ihm, wenn Sie ausgeglichen und in guter Stimmung sind. Zeigen Sie Ihrem Vierbeiner, daß Sie Spaß daran haben, mit ihm zu lernen: Sprechen Sie in freudigem Ton mit hoher Stimme, streicheln und loben Sie ihn viel, und stecken Sie ihm ab und zu ein Leckerli zu. So motiviert, wird Ihr Hund begierig sein, etwas Neues zu lernen.

RUDELFÜHRER ▶ Ihr Westie kann nur deshalb Anordnungen von Menschen befolgen, weil er instinktiv einem Rudelführer folgt. Bei den Caniden (so wird wissenschaftlich die Familie genannt, zu der neben den Hunden auch Wölfe, Kojoten und Dingos zählen) hat jedes Mitglied seinen Platz im Rudel. Wenn Ihr Welpe zu Ihnen in sein neues Heim kommt, sucht er instinktiv seine Position im neuen Rudel. Wenn Sie ihn tun lassen, was er will, übernimmt er automatisch die Rolle des Rudelführers. Die wird er natürlich zu behalten versuchen und sich Ihren Erziehungsbemühungen – also den Versuchen, ihm seine Führerschaft streitig zu machen – ebenso widersetzen wie ein Wolf, der seine Position im Rudel gegenüber einem ande-

ren rangniedrigeren Tier verteidigt. Überzeugen Sie daher Ihren Welpen, noch während er nach seinem Rang im Rudel sucht, davon, daß Sie der »Boß« sind. Wenn Sie lernen, bestimmt und konsequent, gleichzeitig aber auch liebevoll und fair zu sein, dann wird Sie Ihr Westie als Rudelführer anerkennen. Die Art und Weise, wie Ihr Westie sich Ihnen gegenüber verhält, hängt also davon ab, wie Sie mit ihm umgehen. Daher ist es auch meist nicht sinnvoll, seinen Hund jemand anderem zu einer Ausbildung zu übergeben.

Hundeerziehung ist nicht die Demonstration von Macht und Überlegenheit. Rudelführer zeigen immer ihre Zuneigung gegenüber den anderen Mitgliedern des Rudels. Sie spielen mit ihnen, pflegen und lecken sie, schmiegen sich im Schlaf dicht an sie. Deshalb ist es wichtig, Ihren Westie zu streicheln und zu loben, ihm ein Geborgenheitsgefühl zu vermitteln.

UNTERORDNUNG ▶ Eine gute Methode, dem Welpen klarzumachen, daß Sie der Rudelführer sind, ist, ihn in die typisch hündische Unterordnungshaltung zu bringen: auf dem Rücken liegend. Wenn Sie mit ihm spielen oder schmusen, drehen Sie ihn vorsichtig in die Rückenlage und halten ihn leicht fest. Wenn er sich windet, strampelt und knurrt, sagen Sie in grollendem Ton »Nhaa« (siehe S. 74). Seien Sie sanft, aber bestimmt. Lassen Sie Ihren Westie nicht aufstehen, und warten Sie, bis er sich beruhigt. Wenn er sich beruhigt hat, loben Sie ihn. Nach etwa zehn Sekunden lassen Sie Ihren Westie los. Machen Sie diese Übung täglich, verlängern Sie die Zeit, die er auf dem Rücken liegt, jeden Tag etwas, bis er etwa drei Minuten ruhig liegt. Dabei kraulen Sie seinen Bauch, berühren die Pfoten, heben die Lefzen an, schauen in die Ohren etc. So lernt er, die verschiedensten Berührungen zu tolerieren.

Die ersten »Sitz«-übungen macht ein Welpe ganz von alleine.

Wenn er sich sträuben will, grollen Sie »Nhaa«.

Nehmen Sie Ihrem Welpen auch ab und zu sein Spielzeug, einen Kauknochen oder den Futternapf weg, und nehmen Sie gelegentlich etwas Futter aus der Schüssel und füttern Sie ihn aus der Hand weiter. Damit ahmen Sie genau das Verhalten nach, das auch ein ranghöheres Tier in einem Rudel zeigt. Wehrt sich Ihr Welpe oder knurrt er, korrigieren Sie ihn sofort.

STIMME ▶ Ihre Stimme ist ein sehr wichtiges Mittel für die Ausbildung, und Sie müssen lernen, diese korrekt einzusetzen. Da Hunde nicht den Sinn von Worten verstehen, ist die Stimmlage, in der Sie sprechen, viel wichtiger als das, was Sie sagen.

Man benutzt drei unterschiedliche Tonlagen: eine für Kommandos, eine zum Loben und die dritte für die Korrektur.

Die Kommandos geben Sie mit klarer, deutlicher Stimme. Vermeiden Sie aber den Kasernenhofton, es darf jedoch auch nicht bittend klingen.

Loben sollten Sie mit höherer, freudiger Stimme. Männern mit tiefer Stimme fällt dies etwas schwerer und sie müssen vielleicht etwas üben, bis es klappt. Ein Lob soll für Ihren Hund lustig und interessant klingen. Wenn Ihr Westie Sie nicht ansieht und nicht mit der Rute wedelt, loben Sie noch nicht richtig überschwenglich genug.

Die dritte Stimmlage für die Korrektur ist ein kehliger, harter Laut, der grollend etwa wie »Nhaa« klingen soll. Sie ahmen damit die Hundesprache nach.

Will ein Hund dem anderen mitteilen, daß er aufhören soll, dann grollt er. Er sagt nicht »böser Hund«, »hör auf«, oder »pfui«. Ihre korrigierende Stimme muß so echt klingen, daß Ihr Westie davon überzeugt ist, daß Sie zubeißen, wenn er nicht aufhört.

Erziehung ist Timing: Lob, aber auch Tadel müssen unmittelbar, spätestens aber innerhalb von 2–3 Sekunden erfolgen. Die Korrektur eines unerwünschten Verhaltens muß exakt in dem Moment erfolgen, in dem der Westie etwas tut, was er nicht soll. Schon Sekunden später ist es zu spät, er wird nicht verstehen, wofür er gerügt wird. Es hat also keinen Sinn, wenn Sie einen fortgelaufenen Hund dann schimpfen, wenn er vielleicht nach Stunden zurückkommt. Er verbindet das nur noch mit dem Zurückkommen, nicht mit dem Weglaufen, und wird in Zukunft das nicht mehr tun, wofür Sie ihn getadelt haben: kommen.

▶ **Früh übt sich**

Verhaltensforscher haben herausgefunden, daß ein Hund im Alter zwischen 6 und 16 Wochen am schnellsten und leichtesten lernt und das Gelernte besonders fest verinnerlicht wird (Prägungsphase, siehe S. 26). In dieser Phase lernt der Welpe, sich in sein Rudel, Ihre Familie, einzufügen und sich in der gemeinsamen Höhle, Ihrer Wohnung, »ordentlich« zu benehmen.

Beginnen Sie also so früh wie möglich mit der einfachen Grundausbildung, auch wenn Sie vielleicht die Empfehlung bekommen, bis zum Alter von 4 bis 6 Monaten zu warten. Wichtig ist dabei nur, daß Sie auf hundlicher Basis arbeiten. Das heißt, Sie können von Ih-

▶ **Positive Verstärkung**

Am effektivsten bringen Sie Ihrem Westie etwas bei, indem Sie erwünschtes Verhalten sofort (innerhalb von 2–3 Sekunden) dann belohnen, wenn Ihr Hund es zufällig von alleine zeigt. Schnell wird er diese Verhaltensweisen in Erwartung eines Lobes immer häufiger wiederholen. Verknüpfen Sie dann diese Handlungen mit immer dem gleichen Sicht- oder Hörzeichen, hat Ihr Westie ohne Zwang gelernt, etwas auf Kommando zu tun.

rem Hund nur das verlangen, was er leisten kann, und müssen ihm für ihn verständlich klarmachen, was Sie von ihm erwarten.

Eines der ersten Dinge, die Ihr Westie lernt, ist sein eigener Name. Benutzen Sie ihn immer in einem freundlichen Ton, wenn Ihr Westie zu Ihnen herkommt, wenn Sie mit ihm spielen, ihn streicheln und füttern. Er lernt so, mit seinem Namen etwas Angenehmes zu verbinden. Deshalb sollten Sie anfangs den Namen auch nie benutzen, wenn Sie Ihren Hund einmal mit ernster Stimme tadeln müssen.

Schon in der ersten Woche, in der Ihr Welpe bei Ihnen ist, können Sie damit beginnen, ihn an Halsband und Leine zu gewöhnen. Legen Sie ihm ein leichtes Halsband um und spielen Sie dann mit ihm, um, ihn von dem ungewohnten Gegenstand um seinen Hals abzulenken. Nach ein paar Tagen hat er sich meist an das Halsband gewöhnt und verbindet es sogar mit etwas Angenehmem – Ihrer Zuwendung.

Um Ihren Welpen an die Leine zu gewöhnen, befestigen Sie nach einiger Zeit eine Leine am Halsband, die der Welpe unter Ihrer Aufsicht im Haus mitschleifen läßt. Nach ein paar Tagen nehmen Sie die Leine auf und folgen Ihrem Welpen. Loben Sie ihn dabei. Wenn Ihr Welpe mit der Prozedur vertraut ist, machen Sie das gleiche im Freien. Nach etwa einer Woche steuern Sie im Garten ein besonderes Ziel an. Wenn der Welpe mitgeht, loben Sie ihn ausgiebig. Am Ziel angekommen, setzen Sie sich zu ihm und streicheln und loben ihn. Folgt Ihnen der Welpe nicht freiwillig, ziehen Sie nicht an der Leine oder locken ihn mit der Stimme. Statt dessen animieren Sie ihn mit einem Spielzeug oder Leckerli zum Mitgehen. Schon bei den ersten Schritten wird wieder gelobt. Wiederholen Sie die Übung täglich mehrmals, hat sich der Welpe in kürzester Zeit an das Laufen an der Leine gewöhnt.

▶ Komm!

Im Alter von der 7. bis zur 16. Woche ist die beste Zeit, einem Hund das Herankommen beizubringen. In dieser Zeit ist der Folgetrieb stark ausgeprägt, und Ihr Fellknäuel wird Ihnen ohnehin auf Schritt und Tritt folgen. Ab dem vierten Monat kommt der Hund in die Unabhängigkeitsphase, und es wird sehr viel schwieriger, ihm das Kommen auf Zuruf beizubringen. Fangen Sie also so früh wie möglich mit dieser Übung an.

FÜR WELPEN ▶ Setzen Sie sich auf den Boden, das nimmt Ihnen die bedrohliche Körpergröße. Rufen Sie dann Ihren Welpen mit freundlicher Stimme bei seinem Namen, oder wedeln Sie mit einem interessanten Gegenstand. Machen Sie mit viel Theater auf sich aufmerksam. Die meisten Welpen finden das ganz toll, werden neugierig und kommen angelaufen. Und genau das wollen Sie ja erreichen. Ist der Hund bei Ihnen angekommen, streicheln und loben Sie ihn ausgiebig. Vielleicht gibt es sogar noch ein Leckerli.

TIP
Laufen Sie ihrem Hund nie hinterher. Dabei lernt er das Kommando nicht, für ihn ist es ein lustiges Fangspiel.

Kommt Ihr Welpe trotz allen Rufens und Lockens nicht, stehen Sie auf und rennen von ihm weg. Das löst den Folgetrieb aus, der in allen Hunden schlummert. Wenn der Welpe Ihnen nachkommt, setzen Sie sich hin, rufen ihn wieder und zeigen ihm sein Lieblingsspielzeug. Bei Ihnen angekommen, wird sofort mächtig gelobt und bekommt auch mal ein Belohnung.

Wählen Sie den Gegenstand sorgfältig, den Sie als Lockmittel benutzen. Es muß etwas sein, das Ihr Welpe sehr mag und das er unbedingt haben will. Außerdem ist es wichtig, daß Sie den Welpen immerd deutlich loben, wenn er zu Ihnen gekommen ist. Er muß den Eindruck bekommen, etwas Besonderes vollbracht zu haben, das sich lohnt. Bis Ihr Westie zuverlässig ausgebildet ist, gibt es nur zwei Fälle, in denen er das Hörzeichen »Hier« oder »Komm« hören sollte. Zum einen, wenn Sie genau wissen, daß er auf jeden Fall kommt. Zum anderen, wenn Sie gezielt beginnen, das Hörzeichen mit dem

Verhalten zu verknüpfen. Sagen Sie das Kommando, wenn der Welpe auf Sie zuläuft, kurz bevor er Sie erreicht hat. Rufen Sie nie Ihren Westie zu sich, um mit ihm zu schimpfen! Er wird bald nicht mehr kommen.

FÜR ÄLTERE ▶ Eine Methode, wie Sie einem schon älteren Hund das Herkommen beibringen können, basiert auch auf dem angeborenen Folgetrieb. Dafür brauchen Sie eine 8–15 m lange Schleppleine. Lassen Sie den Hund im Freien mit der langen Leine laufen. Rufen Sie einmal »Hier«. Wenn Ihr Westie kommt, sind Sie ein Glückspilz und müssen Ihren Hund natürlich kräftig loben. Kommt er nicht, dürfen Sie auf keinen Fall nochmals rufen.

Treten Sie mit einem Fuß auf das Ende der Leine, nehmen Sie sie auf, und rennen Sie von Ihrem Hund weg. Sobald Ihr Westie das sieht, spätestens wenn er den leichten Ruck am Halsband spürt, wird er Ihnen folgen. Wenn er auf Sie zukommt, locken Sie ihn zusätzlich mit seinem Lieblingsspielzeug, sagen »Komm« und loben ihn überschwenglich, sobald er Sie erreicht hat. Wiederholen Sie diese Übung fünf- bis zehnmal täglich, bis Ihr Westie sie sicher beherrscht.

▶ Sitz!

»Sitz« ist eine der leichtesten Übungen. Diese Haltung ist für den Hund bequem, und er kann sich ausruhen. Ganz von sich aus wird er sich im Laufe eines Tages immer wieder hinsetzen. Das können Sie sich zunutze machen und ihm so ganz nebenbei dieses Kommando beibringen.

Die klassische Methode besteht darin, daß man das Hinterteil nach unten

drückt, während man, verbunden mit dem Kommando »Sitz«, den Hund am Halsband faßt und leicht nach oben zieht. Wenn der Hund sitzt, wird er gelobt.

Die bessere Methode ist folgende: Beobachten Sie Ihren Westie. Sobald er sich hinsetzt, sagen Sie »Sitz«. Gehen Sie dann sofort zu ihm, loben ihn und geben ihm ein Leckerchen. Wiederholen Sie dies, sooft es geht, über den Tag verteilt, und Ihr Westie beherrscht das Kommando in kürzester Zeit.

Auf »Hier« oder »Komm« läuft der Westie freudig herbei, wenn er eine Belohnung erwartet.

»Sitz!« – begeistert
führt der Westie
das Kommando
aus.

Sie können Ihren Hund auch zum Sitzen provozieren. Knien Sie sich vor ihn, und zeigen Sie ihm sein Lieblingsspielzeug oder ein Leckerli. Nun führen Sie Ihre Hand über seine Schnauze etwas in Richtung seines Hinterteils. Um die »Beute« sehen und an sie herankommen zu können, muß sich der Westie setzen. Sagen Sie dabei »Sitz«, und geben Sie ihm, was er sich verdient hat.

▶ Platz!

Um seinem Westie »Platz« beizubringen, gibt es auch wieder einige Methoden, wovon ich hier die gebräuchlichsten beschreibe.

Bewegen Sie Ihren Westie so lange, bis er müde wird. Mit erwachsenen Hunden können Sie ruhig ein gutes Stück joggen oder eine Runde ausgelassen toben. Wenn Sie stehenbleiben und Ihr Westie sich zum Ausruhen hinlegt, sagen Sie »Platz« und loben und belohnen ihn sofort. Gehen oder laufen Sie dann wieder ein Stück und wiederholen Sie das Ganze. Ein Hund legt sich auch sonst öfter hin, wenn er z.B. besonders entspannt oder müde ist. Auch das können Sie dann für eine kurze Übung nutzen.

Eine konventionelle Art, einem Hund das Hinlegen auf Kommando beizubringen, geht folgendermaßen: Sie beginnen mit dem auf der linken Seite neben Ihnen sitzenden Westie. Haken Sie den Daumen der linken Hand unter das Halsband, die offene linke Hand liegt auf dem Rücken, die Finger zeigen in Richtung der Rute. Den rechten Arm schieben Sie unter dem rechten Bein Ihres Westies hindurch und umfassen das linke Bein. Heben Sie so den Vorderkörper etwas an. Mit der Hand am Halsband können Sie verhindern, daß der Hund aufsteht. Legen Sie Ihren Westie nun vorsichtig auf den Boden, und geben Sie gleichzeitig das Kommando »Platz«. Sobald er liegt, wird er tüchtig

gelobt. Üben Sie mehrmals am Tag.
Eine weitere Methode, Ihrem Westie
das Hinlegen beizubringen, ist durch
Locken. Beginnen Sie wieder mit dem
links neben Ihnen sitzenden Westie.
Halten Sie ihm ein Leckerchen oder
sein Lieblingsspielzeug vor die Nase.
Wenn er versucht, das Lockmittel zu bekommen, führen Sie es leicht von ihm
weg auf den Boden. Will Ihr Westie
darankommen, muß er sich hinlegen.
Das ist der richtige Moment, um das
Hörzeichen zu geben – und Loben nicht
vergessen.

▶ **Steh!**

Im täglichen Umgang mit dem Westie,
z.B. während der Fellpflege, des Trimmens, beim Tierarzt oder auf einer Ausstellung, kann das ruhige Stehen auf
Kommando sehr nützlich sein. »Steh«
sollte für den Westie bedeuten, ruhig
stehenzubleiben ohne die Pfoten zu
rühren. Kopf und Rute darf er natürlich
bewegen. Üben Sie »Steh« am besten
folgendermaßen:

Knien Sie sich neben den stehenden
Hund, so daß Sie die rechte Hundeseite
vor sich haben. Führen Sie die rechte
Hand durch das Halsband, die Finger
zeigen in Richtung der Rute, die linke
unter dem Bauch hindurch. Geben Sie
das Hörzeichen »Steh«, und heben Sie
den Hund gleichzeitig sanft in den
Stand. Lassen Sie Ihre Hände an ihm,
so daß er in dieser Haltung bleibt. Will
Ihr Westie sich setzen, hinlegen oder
weggehen, korrigieren Sie ihn mit einem »Nhaa«. Nach jeder Korrektur sagen Sie »Steh« in ruhigem Ton. Steht er
etwa zehn Sekunden lang still, nehmen
Sie die Hände weg, loben ihn tüchtig
und entlassen ihn mit einem extra Kommando wie »Lauf« oder »Okay«. Verlän-

Eine neue Übung beginnen Sie in ruhiger Atmosphäre ohne Ablenkung. Erst wenn das Kommando
wirklich gut »sitzt«, können Sie Ablenkungen ein-
bauen.

Üben Sie mehrmals am Tag etwa 10–20 Minuten.
Vor allem bei Welpen läßt die Konzentration schnell
nach.

Benutzen Sie immer das gleiche Kommando für eine
Aufgabe.

Die Kommandos für verschiedene Aufgaben sollten
sich für den Hund deutlich voneinander unterscheiden.

Geben Sie ein Kommando nur, wenn auch die Chance
besteht, daß Ihr Westie es befolgt. Sagen Sie es nur
einmal, und setzen Sie seine Ausführung durch.

Gestalten Sie das Training abwechslungsreich und
spielerisch.

Loben Sie viel mit freudiger Stimme.

Belohnung: Das kann ein Leckerli sein, aber auch das
Lieblingsspielzeug, eine extra Streicheleinheit oder einige Minuten ausgelassenes Spiel.

Ehe Sie Lust oder Geduld verlieren, brechen Sie das
Üben ab.

gern Sie die Zeit, in der Ihr Westie
ruhig steht, nach und nach.

Sie können diese Übung mit Ihrem
Westie zweckmäßig auf dem Pflegetisch
üben. Das ist für Sie bequemer, er kann
nicht so leicht weglaufen, und außerdem muß ein kleiner Hund z.B. auch
beim Tierarzt auf den Tisch.

Ignorieren Sie einen hochspringenden Westie, so gewöhnt er sich diese Unart schnell ab.

Bleib!

Es ist sehr hilfreich, wenn Ihr Hund genau da bleibt, wo Sie es von ihm verlangen, ohne daß Sie ihn anzubinden oder anzuleinen brauchen. »Bleib« kann nur sinnvoll zusammen mit einer anderen Übung angewandt werden, die der Hund bereits sicher beherrscht, also mit stehen, sitzen oder liegen auf Kommando.

Am besten, Sie beginnen mit »Bleib«, wenn der Hund etwa einen Meter vor Ihnen sitzt oder liegt. Gehen Sie dann langsam ein Stück zurück und sagen Sie »Bleib«. Wenn Ihr Westie jetzt aufsteht, bringen Sie ihn an den alten Platz zurück, lassen ihn wieder absitzen oder -liegen und wiederholen die Übung. Diese Korrektur müssen Sie jedesmal machen, wenn Ihr Hund das Kommando sicher lernen soll. Bleibt er ruhig sitzen oder liegen, gehen Sie zu ihm und loben ihn. Beenden Sie die Übung bewußt immer mit »Lauf« oder einem ähnlichen Kommando, so daß Ihr Westie lernt, daß er nur dann wieder frei laufen darf, wenn Sie es erlauben.

Lassen Sie den Hund anfangs nur kurz im »Bleib« verharren, und bleiben Sie nahe bei ihm. Erst mit der Zeit – und diese Übung fordert viel Geduld – können Sie Dauer und Entfernung ausdehnen und auch unter Ablenkung arbeiten.

Aus!

Daß der Westie einen Gegenstand auf Kommando fallen läßt, kann ihm sogar das Leben retten, wenn er z.B. einmal etwas Giftiges aufgenommen hat.

Wenn Sie Ihrem Welpen ab und zu einen Kauknochen oder sein Spielzeug wegnehmen, sagen Sie gleichzeitig »Aus«. Läßt er nicht los, schütteln Sie

HERAUSFORDERUNG ▶ Diese Aufgabe ist weit schwieriger als »Sitz« und »Platz«, da der Hund sich im Stehen nicht ausruhen kann. Deshalb sollten Sie auch die Zeiten, die Ihr Westie ruhig stehen muß, nicht allzusehr ausdehnen. Sie werden für diese Aufgabe einige Geduld brauchen, und es ist während des Übens eigentlich immer nötig, die Hände am Hund zu lassen, damit Sie ihn besser korrigieren können. Sie können die Übung dann noch weiter variieren, indem Sie den Hund während des Stehens abtasten, die Ohren kontrollieren etc. oder ihn sogar von einer anderen Person berühren lassen.

ihn am Nackenfell oder greifen ihm mit leichtem Druck über den Fang – so macht das auch seine Mutter, wenn er nicht gehorcht – und wiederholen das Kommando streng. Sobald er den Gegenstand losläßt, wird er kräftig gelobt.

▶ **Bei Fuß!**

Ist Ihr Welpe an Leine und Halsband gewöhnt, können Sie etwa ab der zwölften Woche behutsam anfangen, ihm das »Bei-Fuß-gehen« beizubringen. Bringen Sie Ihren Westie mit seiner Schulter links von sich neben Ihr Bein. Locken Sie ihn mit einem Leckerchen. Sobald er es erreichen will, sagen Sie »Fuß« und gehen ein paar Schritte vorwärts. Geht der Hund mit, loben Sie ihn überschwenglich, und er bekommt das Häppchen.

Versucht Ihr Westie vorauszueilen oder zurückzubleiben, so zupfen Sie kurz leicht an der Leine und wiederholen das Kommando, wenn er wieder neben Ihnen ist.

Es kann einige Monate dauern, bis Ihr Westie längere Strecken an der locker durchhängenden Leine neben Ihnen hergeht. Erst dann können Sie anfangen, das gleiche auch ohne Leine zu versuchen. Üben Sie anfangs wieder nur kurze Strecken, am besten auf einem eingezäunten Grundstück ohne Ablenkung.

BEGLEITHUND ▶ Wenn Ihnen und Ihrem Westie diese Gehorsamsübungen Spaß gemacht haben, so sind Sie fast fit für die Begleithundeausbildung. Die Prüfung am Ende der Ausbildung kann ein Westie ab einem Alter von einem Jahr ablegen. Bei dieser Prüfung werden alle Übungen, die zuvor beschrieben wurden, unter zusätzlicher

---

▶ Sichtzeichen

Hunde lernen leicht, neben akkustischen auch auf optische Kommandos zu reagieren. Verbinden Sie Ihre Hörzeichen beim Üben mit passenden Sichtzeichen. Für »Sitz« ist dies meist der erhobene Zeigefinger. Die vor dem Hund nach unten geführte flache Hand bedeutet »Platz«. »Bleib« wird mit ausgestrecktem Arm und erhobener Handfläche angedeutet. Sicher werden Sie bald bemerken, daß Ihr Westie auch allein auf diese Sichtzeichen reagiert, ohne daß Sie etwas sagen.

Ablenkung sowohl auf einem Hundeplatz und bestimmte Übungen auch im Straßenverkehr absolviert. Außerdem wird die Schußgleichgültigkeit überprüft. Bei bestandener Prüfung erhält der Hund das Zertifikat »Begleithund«. Von Hundesportvereinen erfahren Sie, wo und wann Sie mit Ihrem Westie die Begleithundeprüfung ablegen können.

▶ **Leinenführigkeit**

Das Gehen an der Leine ist für einen Hund deshalb so schwierig, weil seine natürliche Fortbewegungsgeschwindigkeit im bevorzugten Trab schneller ist als der »Schritt« des Menschen. So passiert es schnell, daß Ihr Westie an der Leine zerrt – Sie sind ihm einfach zu langsam. Geben Sie dem Zerren nicht nach, Ihr Hund soll ja lernen, in Ihrem Tempo neben Ihnen herzugehen. Wenn Sie sich von Ihrem Westie ziehen lassen, ist das für ihn die Bestätigung dafür, daß er durch Zerren an der Leine

Ein gut erzogener Westie ist ein angenehmer Begleiter auf Ihren Spaziergängen.

der Westie auch stehenbleiben. Loben Sie ihn sofort dafür. Es kann etwas mühsam sein, die ersten Spaziergänge an der Leine im »stop and go« zu absolvieren, doch der Westie lernt bald, daß er schneller voran kommt, wenn er sich Ihrem Tempo anpaßt.

Die Leine stellt für den Westie den verlängerten Arm seines Herrchens oder Frauchens dar. Das ist oft der Grund dafür, daß sich Hunde an der Leine gegenüber anderen Hunden übertrieben selbstbewußt, ja gar aggressiv verhalten. Sie haben ja die Rückendeckung eines starken Rudelmitgliedes hinter sich. Hunde begegnen sich daher besser unangeleint. So können sie selbständig untereinander und in ihrer eigenen Sprache die Rangordnung klären.

Wird Ihr angeleinter Westie doch einmal in eine Rauferei mit einem frei laufenden Hund verwickelt, so ist es meist das kleinere Übel, wenn Sie die Leine loslassen. Meist regeln dann die Hunde untereinander alles auf ihre Art.

Damit Ihr Westie sich bei einer Hundebegegnung an der Leine ruhig verhält, lassen Sie ihn »Sitz« machen. Durch die ihm gestellte Aufgabe wird seine Aufmerksamkeit meist von dem anderen Hund abgelenkt. Ist der Fremde vorbei und hat sich Ihr Westie ruhig verhalten, vergessen Sie nicht, ihn zu loben.

das erreicht, was er will – in seinem Tempo vorwärts kommen.

Zieht Ihr Hund an der Leine, bleiben Sie einfach stehen. Spätestens wenn er den leichten Ruck der Leine spürt, wird

Freizeitpartner Westie

Freizeitpartner Westie

84 ▶ **Rücksicht und Vorsicht**

88 ▶ **Draußen unterwegs**

91 ▶ **Urlaub mit Westie**

93 ▶ **Trennung auf Zeit**

93 ▶ **Spielfreuden**

96 ▶ **Hundesport**

▶ Rücksicht und Vorsicht

Frei laufen, alles genau erkunden und beschnuppern, einer Fährte folgen oder in der Erde buddeln – das sind die schönsten Dinge für einen Westie. Wenn Sie mit Ihrem Hund draußen unterwegs sind, müssen Sie sich aber sicher sein, daß Sie immer die Kontrolle über ihn behalten. Durch die vielen interessanten Ablenkungen, die einem Westie im Freien begegnen, kann es jedoch leicht passieren, daß Ihr Hund seine gute Erziehung vergißt und einfach nicht mehr hören will. Es ist deshalb eine sinnvolle Vorsichtsmaßnahme, den Westie an der Leine spazierenzuführen, wenn Sie sich nicht absolut sicher sind, daß er in wirklich jeder Situation auf Ihren Ruf hin sofort zu Ihnen kommt. Benutzen Sie ansonsten am besten eine ausziehbare Flexi-Leine. Mit einer Länge von etwa 8 m hat Ihr Hund dann immer noch einen recht großen Spielraum, um seine Umgebung zu erkunden. An der langen Leine können Sie auch immer wieder einmal testen, wie gut Ihr Westie auf Ihr Rufen reagiert. Sie haben dann immer die Möglichkeit, auf ihn einzuwirken, wenn er nicht hören will.

ENTWISCHT ▶ Trotz aller Vorsicht wird es Ihnen sicher einmal passieren, daß Ihr Westie plötzlich auf und davon ist. Ist er außer Sicht, warten Sie am besten an der Stelle, an der Sie ihn zuletzt gesehen haben, bis er wieder auftaucht. Meistens kommen Hunde auf der gleichen Spur wieder zurück, auf der sie sich aus dem Staub gemacht haben. Auch wenn Sie verständlicherweise wütend sind, wenn Ihr kleiner Ausreißer endlich aufgetaucht ist, schimpfen Sie nicht mit ihm. Loben Sie ihn vielmehr für sein Zurückkommen, sonst wird er das vielleicht in Zukunft auch unterlassen, da er kommen mit ausgeschimpft

▶ Leinenzwang

In vielen Städten müssen Hunde grundsätzlich an die Leine genommen werden – zum Schutz der Passanten, aber auch zu ihrem eigenen. Erkundigen Sie sich bei Ihrer Gemeinde, wie dort die Vorschrift aussieht, wenn Sie Ihren Westie zur Hundesteuer anmelden, und fragen Sie in fremden Orten einen Hundehalter.
In Natur-, Vogel- und Landschaftsschutzgebieten sowie in wildreichem Gelände ist die Leine ebenfalls grundsätzlich vorgeschrieben.

werden verbinden. Legen Sie eine zusätzliche Trainingseinheit für das »Komm«-Kommando ein, und seien Sie beim Spazierengehen ohne Leine immer besonders wachsam.

Adresse und Telefonnummer schreiben Sie z.B. mit wasserfestem Permanentstift auf die Innenseite des Halsbandes. Es gibt aber auch kleine wasserdichte Hülsen, in die Sie einen Zettel mit der Adresse stecken können, oder gravierte Schildchen, die am Halsband befestigt werden. Außerdem können Sie die Tätowiernummer, die er im Ohr trägt, registrieren lassen, so kann Ihr Hund immer genau identifiziert werden.

Ist Ihr Westie verschwunden, fragen Sie bei allen umliegenden Tierheimen, Tierärzten und Polizeistationen. Zusätzlich können Sie eine Suchanzeige, evtl. unter Aussetzung einer Belohnung, in den Tageszeitungen der Umgebung aufgeben. Der Hundepaß (S. 123), in dem alle wichtigen Daten vermerkt sind, kann in einem solchen Fall wichtig sein. Sie haben so alle Daten für einen Steckbrief immer sofort greifbar.

JAGDINSTINKT ▶ Der allen Hunden angeborene Jagdtrieb ist meist der Grund dafür, daß Sie Ihren Hund auf einem Spaziergang plötzlich am Horizont verschwinden sehen.

Nicht nur Wild aller Art, auch sich schnell bewegende Jogger, Radfahrer, Reiter, Mofas und Spaziergänger können den Jäger in Ihrem Westie wecken. Sobald Sie – hoffentlich vor Ihrem Hund – eine interessante »Beute« entdecken, sollten Sie Ihren Westie heranrufen und anleinen.

Besondere Vorsicht ist im Frühjahr geboten, weil viele Wildtiere dann Nachwuchs haben. Sie werden von einem stöbernden Hund aufgeschreckt und lassen Jungtiere oder Eier im Stich. Wenn Sie noch in der Dämmerung in

Gibt es in Ihrer Nähe keinen Westie-Verein, organisieren Sie doch selbst Treffen mit Gleichgesinnten.

Felder und Wiesen unterwegs sind, sollten Sie ebenfalls an das Wild denken, das dann zur Äsung herauskommt. Zu diesen Zeiten gehört jeder Hund an die Leine, auch wenn er noch so gut erzogen ist. Die Freiräume für Wildtiere werden bei uns immer kleiner, und sie sind auf eine ungestörte Futteraufnahme angewiesen.

Auch in der Stadt müssen Sie auf Ihren Westie achten. Denken Sie an Enten oder Schwäne in öffentlichen Grünanlagen, aber auch Eichhörnchen, Katzen, Kaninchen oder ähnlichem wird ein Westie mit Wonne hinterherjagen. Doch nicht nur die anderen Tiere werden bei einer wilden Verfolgungsjagd gefährdet, auch für Ihren Westie kann es gefährlich werden. Schnell kann es passieren, daß er in wilder Jagd vor ein Auto läuft und dabei selbst verletzt wird. Und am Ende müssen Sie auch noch für den entstandenen Schaden aufkommen.

TIP

Jäger dürfen wildernde Hunde erschießen. Lassen Sie deshalb Ihren Westie in einem Wildgebiet nie von der Leine.

HINTERLASSENSCHAFTEN ▶ Es ist für Sie als Hundebesitzer eine Selbstverständlichkeit, die Hinterlassenschaften Ihres Westies vor allem in der Stadt immer gründlich zu beseitigen. Machen Sie es sich zur Gewohnheit, immer ein entsprechendes Hilfsmittel dabeizuhaben. Im Fachhandel werden dazu diverse Sets angeboten, in manchen Städten gibt es auch Automaten, an denen Sie für wenig Geld ein solches Set bekommen können.

In diesem Zusammenhang macht sich übrigens auch eine vernünftige Fütterung bemerkbar: Die Kotmengen sind nicht so üppig, von guter Konsistenz und auch im Geruch noch zu ertragen.

IM VERKEHR ▶ Einen gut erzogenen Westie können Sie in allen öffentlichen Verkehrsmitteln wie Bahnen, Bussen und Taxen mitnehmen. Sie sollten sich jedoch selbst überlegen, ob Sie Ihrem Westie z.B. in der Hauptverkehrszeit eine Fahrt in der überfüllten U-Bahn zumuten wollen. Meist werden für einen Hund die gleichen Fahrtkosten wie für ein Kind verlangt.

Gewöhnen Sie schon Ihren Welpen daran, im Auto mitzufahren. Beginnen Sie mit kurzen Strecken, wobei am besten eine zweite Person den Hund auf den Schoß nimmt. Am Ende einer Autofahrt wartet immer eine Belohnung – am besten ein Spaziergang oder eine Runde Spielen. So lernt Ihr Westie, daß ihn am Ende einer Fahrt immer etwas

▶ Ablenkung

Damit Ihr Westie gar nicht erst auf die Idee kommt, zu jagen, lenken Sie seine Aufmerksamkeit bei Spaziergängen auf andere Dinge. Apportieren, Stöckchen tragen, balancieren, Versteckspiele – das alles ist so interessant, daß der Westie vergißt, daß er einmal ein Jagdhund war. Bleiben Sie aber immer wachsam. Kommt »Beute« egal welcher Art in Sicht, lassen Sie Ihren Hund ein Kommando, z.B. »Sitz« oder »Platz«, ausführen, das lenkt seine Konzentration auf Sie, und Sie können ihn notfalls schnell anleinen.

Hier markiert einer sein Revier. Größere Hinterlassenschaften Ihres Hundes beseitigen Sie natürlich.

Angenehmes erwartet, und erträgt auch einmal eine längere Strecke im Auto. Endet seine erste Autofahrt beim Tierarzt, wird er den Transport im Auto sicher nie zu mögen lernen.

Bringen Sie Ihrem Westie bei, erst in das Auto zu steigen, wenn Sie das Kommando – z.B. »Hopp« – dazu gegeben haben. Genauso soll Ihr Hund mit dem Aussteigen immer warten, bis Sie ihn dazu auffordern oder ihn herausheben. Ein Hund muß im Auto immer gut gesichert sein. Es gibt spezielle Transportboxen oder auch Gitter und Gurte, die einen Hund, aber auch die anderen Fahrgäste, bei einem Unfall schützen.

WARTEN ▶ Den Hinweis »Hunde müssen draußen bleiben« sieht man oft an Geschäften hängen. Bei kurzen Besorgungen kann Ihr Westie im Auto warten. Vor einem Geschäft binden Sie ihn am besten nur dann

an, wenn Sie ihn im Auge behalten können. Er soll ja nicht von Fremden gefüttert, geärgert oder gar gestohlen werden.

Wenn Ihr Westie auf Sie im Auto warten muß, sorgen Sie unbedingt für eine ausreichende Belüftung und möglichst Schatten. Vor allem im Sommer kann es in einem Auto, das in der Sonne steht, so heiß werden, daß Herz und Kreislauf Ihres Hundes lebensgefährlich belastet werden.

HUNDEBEGEGNUNGEN ▶ Gehen Sie Begegnungen mit anderen Hunden nicht aus dem Weg, im Gegenteil: Fördern Sie den Kontakt Ihres Hundes mit anderen Vierbeinern von Anfang an. Machen Sie nicht den Fehler, aus übertriebener Vorsorge oder Angst Ihren Welpen auf den Arm zu nehmen, sobald sich ein anderer, vielleicht sogar größerer Hund nähert. Lassen Sie Ihren Westie auf dem Boden, wobei er auch

Kontakte zu vielen anderen Hunden sind wichtig für ein gutes Sozialverhalten.

nicht angeleint sein sollte. Vertrauen Sie darauf, daß schon Ihr Welpe die Hundesprache beherrscht, und sorgen Sie durch viele Begegnungen mit anderen Hunden dafür, daß er sie auch regelmäßig »spricht«. Welpen haben gegenüber erwachsenen Hunden bis zu einem gewissen Grad Narrenfreiheit. Geht ein Hundekind aber zu weit, wird ihm das rasch klargemacht, und es wird sich schleunigst unterwerfen, falls dies erforderlich ist. Wenn es sich auf den Rücken legt und vielleicht noch etwas Urin verliert, wird jeder andere Hund schnell begreifen: Das ist ein Welpe, mit ihm muß man vorsichtig umgehen. Diese Unterwerfungsgeste wenden auch erwachsene Hunde an und beenden damit im Notfall jede kriegerische Situation.

▶ **Draußen unterwegs**

Bewegung an der frischen Luft hält Ihren Hund fit und gesund. Die wechselnde Umgebung bietet viele verschiedene, hochinteressante Reize für Nase, Augen und Ohren des Hundes. Wenn er sich draußen austoben kann, wird er im Haus ein angenehmer, ruhiger und ausgeglichener Genosse sein. Einrichtungsgegenstände oder Schuhe sind davor sicher, aus Langeweile oder Unterbeschäftigung zerstört zu werden. Und nebenbei tun Sie natürlich auch etwas für Ihre Fitneß.

ZU FUSS ▶ Auch wenn Sie ein eigenes großes Grundstück haben, braucht Ihr Westie in jedem Alter tägliche Spaziergänge. Mit einem Welpen reichen kurze Spaziergänge mehrmals am Tag von 15 bis höchstens 30 Minuten Dauer. Auf längeren Strecken werden Gelenke, Bänder und das Herz des wachsenden Hundes zu sehr beansprucht, und es kann zu bleibenden Schäden kommen. Ab einem Alter von etwa 6 Monaten können Sie langsam anfangen, größere Strecken zurückzulegen und das Tempo zu steigern.

Achten Sie immer darauf, daß Sie Ihren jungen Westie nicht überfordern. Wenn Sie vorauslaufen, wird er Ihnen bis ans Ende der Welt folgen, auch wenn er schon lange überfordert ist. Wird Ihr Westie merklich langsamer, legt sich möglicherweise sogar hin, beginnt auffällig zu hecheln, vielleicht sogar zu humpeln, wird sein Zahnfleisch hell oder verfärbt sich seine Zunge, dann haben Sie ihn überfordert. Kehren Sie sofort um, schlagen Sie ein langsames Tempo an, und machen Sie immer wieder Pausen. Notfalls können Sie Ihren Westie auch ein Stück tragen.

Ein erwachsener Westie sollte einmal am Tag einen langen Spaziergang von mindestens einer Stunde Dauer machen dürfen. Dazwischen sind kurze Gänge nach draußen zum Lösen angesagt. Im Sommer, wenn es sehr heiß ist, legen Sie den langen Spaziergang auf die frühen Morgen – oder die späteren Abendstunden.

Einen ausgewachsenen Westie, der regelmäßige Bewegung gewöhnt ist, können Sie ohne weiteres auch bei längeren Wanderungen mitnehmen. Für Welpen oder Junghunde haben sich, will man größere Wanderungen machen, auch Tragegeschirre, ähnlich wie für Kleinkinder, bewährt. Dann können Sie Ihren Junghund zwischendurch länger ausruhen lassen, und er ist doch immer dabei.

Planen Sie längere Wanderungen vorher, damit Ihnen und Ihrem Westie der Rückweg nicht zu lang wird. Sollten Sie das Glück haben, daß Sie auf einem Teil der Strecke Ihren Westie von der Leine lassen können, dann müssen Sie für dieses Wegstück die mehrfache Strecke für Ihren Hund kalkulieren, da Ihr Westie ständig vorauslaufen und wieder zurückkehren wird.

> **TIP**
> *Auf Wanderungen immer einen Napf und genügend Wasser für den Westie mitnehmen.*

RADFAHREN ▶ Auch Radtouren sind mit dem Westie möglich. Dafür sollten Sie sich aber im Zubehörhandel nach einem geeigneten Korb umsehen, den Sie vorne oder hinten ans Fahrrad montieren können und in dem Ihr Westie bequem Platz hat. Mit einem Bügel oder Deckel aus Drahtgitter bleibt er dort gesichert sitzen und kann die Aussicht genießen.

Ein so kleiner Hund wie der Westie kann keine langen Touren mitlaufen – dafür der Korb. Kurze Etappen oder langsamere Stücke am Berg legt er aber gern selbst zurück. Dabei sollte er auf der rechten, dem Verkehr abgewandten Seite neben dem Rad hertraben. Ihre Geschwindigkeit sollte nicht über 14 km/h liegen, und wilde Galoppstrecken muten Sie Ihrem Hund niemals zu.

SCHWIMMEN ▶ Wer an einem Gewässer wohnt oder Urlaub am Meer oder an einem See plant, der möchte seine Badefreuden sicher gern mit seinem Westie teilen. Hunde können nicht von Geburt

Auch Hunde müssen schwimmen erst lernen, bevor sie dieses Vergnügen genießen können.

an schwimmen, lernen es aber rasend schnell, wenn sie einmal im Wasser sind. Es gibt aber auch ausgesprochen wasserscheue Exemplare, die es zeitlebens vorziehen, auf dem festen Land zu bleiben. Schwimmen ist auch eine gute Therapie nach Operationen und Verletzungen. Der Bewegungsapparat wird schonend aufgebaut und gestärkt.

Wenn Sie Ihrem Westie das Schwimmen beibringen wollen, zwingen Sie ihn auf keinen Fall ins Wasser oder werfen ihn einfach hinein. Warten Sie die warme Jahreszeit ab. Dann können Sie mit gutem Beispiel voran ins kühle Naß steigen. Ihr Westie wird Ihnen, vielleicht nach etwas Überwindung, folgen. Wenn er den Boden unter den Füßen verliert, können Sie beobachten, wie schnell ein Hund das Schwimmen lernt.

Gehört Ihr Hund zur eher zaghaften, ängstlichen Sorte, brauchen Sie etwas Geduld. Schwimmen Sie in Sichtweite, und versuchen Sie, ihn zu sich zu locken. Für ganz Ängstliche bietet es sich an, mit einem besonders begehrten Spielzeug zuerst am Ufer zu spielen. Man wirft das Spielzeug zunächst nur in ganz seichtes Wasser, das gerade mal Pfotenhöhe hat. Im Spiel wird Ihr Hund wahrscheinlich vergessen, daß er eigentlich Angst vor dem nassen Element hat, und sein Spielzeug herausholen. Nach und nach können Sie es wagen, den Gegenstand etwas weiter ins Wasser zu werfen, und bald wird Ihr Westie auch schwimmen.

Informieren Sie sich bei öffentlich zugänglichen Gewässern zunächst, ob Hunde am und im Wasser erlaubt sind. An vielen Badestränden ist die Mitnahme von Hunden, auch angeleinten, untersagt. Dafür gibt es aber oft separate, meist recht abgelegene Hundestrände.

Badeurlaub mit dem Westie am Meer ist kein Problem, wenn Sie Ihren Hund nach dem Bad im Salzwasser gründlich mit Süßwasser abspülen können. Das ist wichtig, um Hautirritationen durch angetrocknetes Salz zu verhindern. Nehmen Sie auch genügend Trinkwasser für den Hund mit, denn eventuell verschlucktes Salzwasser macht sehr durstig.

▶ Urlaub mit Westie

Urlaub ist für viele Menschen die schönste Zeit des Jahres. Für Ihren Westie kann sie es auch sein, denn wann hat er sonst die Chance, so ausgiebig mit seinem Rudel so viel gemeinsam zu erleben. Wichtig ist nur, daß Sie die Bedürfnisse Ihres Hundes in jede Phase der Urlaubsplanung mit einbeziehen.

Kein Hund liebt heißes Wetter, da er nicht in der Lage ist, seinen Temperaturhaushalt durch Schwitzen zu regulieren. Für ihn bedeuten 30 °C im Schatten ständiges Hecheln und weder Erholung noch Genuß. Für Ihren Westie ist es also viel angenehmer, wenn Sie kein »Sonnenanbeter« sind, sondern Urlaub in gemäßigtem Klima vorziehen.

UNTERKUNFT ▶ Verbringen Sie die schönste Zeit des Jahres am liebsten in einem Hotel, erkundigen Sie sich rechtzeitig, ob ein Hund nicht nur geduldet, sondern wirklich willkommen ist. Ihr Westie sollte nicht nur mit in Ihr Zimmer, sondern auch sonst überall mit hin dürfen.

Manche Hotels sind sogar ganz speziell auf Urlauber mit Hunden einge-

▶ Reisegepäck für Westies

Papiere
Impfpaß, evtl. Gesundheitszeugnis, Versicherungsnummer der Haftpflichtversicherung, Ticket/Flugschein

Ausstattung
Halsband und Leine, Adreßanhänger mit Heimat- und Urlaubsadresse, Hundekorb oder -decke, Spielzeug, »Gassi-Set«, in manchen Ländern ist auch ein Maulkorb Pflicht

Verpflegung
Wasser für die Reise, Futter, Leckerli, Kauartikel, Futter- und Wassernapf, Dosenöffner, Löffel

Pflege und Gesundheit
Kamm und Bürste, Floh-/Zeckenhalsband, Zeckenzange, kleine Notfallapotheke (siehe S. 67), Mittel gegen Reisekrankheit, wenn nötig Medikamente

stellt. Sie bieten Erziehungskurse oder Hundewanderungen an.

Im Urlaub wird es sich dann auch ganz besonders auszahlen, wenn Ihr Hund gut sozialisiert und erzogen ist. Denn Sie werden nicht der einzige Gast und Ihr Westie vielleicht auch nicht der einzige Hund im Hotel sein.

Campingreisen sind für einen Westie eine sehr angenehme Form des Urlaubs. Sein Zelt, seinen Wohnwagen oder sein Wohnmobil ist er schnell gewöhnt, hat so also sein ihm vertrautes Revier dabei. Nur sehr wenig Campingplätze verbieten das Mitbringen von Hunden, sicherheitshalber sollten Sie sich aber vorher immer erkundigen.

An einem endlosen Strand – am liebsten bei kühleren Temperaturen – können sich Westies so richtig austoben.

AUSLAND ▶ Bei einem Urlaub im eigenen Land gibt es die wenigsten Probleme, wenn Sie sich rechtzeitig den richtigen Urlaubsort aussuchen und über die Anreise im klaren sind. Bei einer Auslandsreise sollten Sie sich rechtzeitig über die Einreise- und Impfbestimmungen erkundigen. Auskunft kann Ihnen Ihr Tierarzt, das zuständige Fremdenverkehrsamt, die Botschaft oder der ADAC geben. Für die Wiedereinreise nach Deutschland ist es wichtig, daß die Impfungen noch mindestens einen Monat gültig sind.

TRANSPORTMITTEL ▶ Wenn Ihr Hund an das Autofahren gewöhnt ist, stellt eine Reise meist kein Problem dar. Lassen Sie den Westie einige Stunden vor Fahrtantritt nichts mehr fressen, und machen Sie noch einen langen Spaziergang. Im Auto darf es nicht zu heiß werden, und Ihr Westie muß selbstverständlich sicher untergebracht sein. Eine Pause alle zwei Stunden, in der der Hund trinken, sich angeleint lösen und etwas bewegen kann, ist Pflicht.

Die Deutsche Bahn AG erlaubt das Mitführen von Hunden an der Leine in Großraum- und Abteilwagen. Im Schlaf- oder Liegewagen müssen Sie das ganze Abteil für sich reservieren. Für den Hund ist in der Regel eine Kinderkarte zu lösen.

Bei Flugreisen dürfen nur Hunde bis 5 kg mit in die Kabine genommen werden. Da Ihr Westie schwerer ist, muß er in einer speziellen Box in den Frachtraum. Überlegen Sie sich gut, ob Sie Ihrem Westie diese Erfahrung zumuten wollen. Gibt es keine Alternative, beginnen Sie so früh wie möglich, Ihren Hund an die Transportbox zu gewöhnen.

► Trennung auf Zeit

Nicht immer ist es sinnvoll, Ihren Westie in jede Art Urlaub mitzunehmen. Besonders wenn Sie Ihren Urlaub in Übersee oder in einem südlichen, heißen Land verbringen, ist es für Ihren Westie oft besser, wenn Sie sich gleichzeitig mit Ihrer Urlaubsplanung Gedanken über seine Unterbringung während dieser Zeit machen.

Die beste Lösung ist es, wenn Sie einen Hundesitter zur Verfügung haben, den Ihr Westie schon gut kennt und der ihn zu Hause in seiner gewohnten Umgebung betreuen kann.

Soll Ihr Hund während Ihres Urlaubs in einer fremden Umgebung untergebracht werden, ist es sehr sinnvoll, wenn Sie vorher schon öfter gemeinsam dort waren. Bei Freunden oder Verwandten macht eine Urlaubsunterbringung meist weniger Probleme als bei völlig fremden Personen. Geben Sie Ihrem Hundesitter detaillierte Hinweise zu Fütterung, Pflege und den Vorlieben und Eigenheiten Ihres Hundes, und hinterlassen Sie unbedingt Ihre Urlaubsadresse.

Haben Sie nicht die Möglichkeit, Ihren Westie privat unterzubringen, müssen Sie sich nach einer geeigneten Tierpension umsehen. Fragen Sie andere Hundehalter, Ihren Tierarzt oder Züchter nach deren Erfahrungen. Wirklich gute Hundepensionen sind selten, sprechen sich aber auch herum.

Schauen Sie sich das Urlaubsdomizil Ihres Westies vorher genau an. Seine

Hundesitter-Info

Geben Sie unbedingt Schlafdecke, Lieblingsspielzeug und gewohntes Futter für die ersten Tage mit.

Wie oft und wie lange soll der Westie Gassi gehen?

Wann bekommt er sein Futter und wieviel? Welche Marke bekommt er?

Wie oft muß gekämmt und gebürstet werden?

Muß der Westie regelmäßig Medikamente nehmen?

Was hat Ihr Hund für Vorlieben und Eigenheiten, von denen man wissen sollte?

Wo sind Sie während Ihres Urlaubes zu erreichen?

Adresse und Telefonnummer des Tierarztes.

Hundedecke und sein Lieblingsspielzeug geben Sie Ihrem »Urlaubswaisen« mit, damit die Trennung nicht ganz so schwer fällt.

Das Tierheim sollte die absolute Notlösung bleiben.

► Spielfreuden

Hunde spielen für ihr Leben gern. Das bringt Spaß und Abwechslung, man ist in Bewegung, alle Sinne werden trainiert, und der geliebte Mensch ist ganz für einen da.

Will Ihr Westie mit Ihnen spielen, zeigt er dies mit gut erkennbaren Signalen an: Er bellt Sie in einem ganz bestimmten Ton an, stupst Sie mit dem Fang oder mit der Pfote, schleppt

> ### Aufforderung zum Spiel
>
> Hunde nehmen, wollen sie ihre Artgenossen oder auch uns Menschen zum Spiel auffordern, eine ganz typische Haltung ein. Der Vorderkörper wird auf den Boden gedrückt, das Hinterteil in die Luft gereckt und wie wild gewedelt. Die erwartungsvollen Augen sagen: Los, spiel mit mir!

sein Lieblingsspielzeug herbei und legt es Ihnen vor die Füße oder auf den Schoß.

Westies sind äußerst kreativ und ideenreich beim Spieleerfinden. Man muß ihnen nur zusehen und den nötigen Freiraum lassen. Blätter, die der Herbstwind vor sich herweht, werden gejagt, die verschiedensten Dinge herumgetragen und der zweibeinige Partner aus dem »Hinterhalt« überfallen. Klauen Sie ihrem Westie doch einfach ein paar seiner Ideen, wenn Sie mit ihm spielen.

Als Hundespielzeug eignen sich die verschiedensten Dinge. Natürlich gibt es die ausgefallensten Spielzeuge im Zoofachhandel. Doch Ihrer Phantasie sind kaum Grenzen gesetzt: ein alter Schuh, ein Handtuch, ein Stück dickes Seil, eine Socke, ein Stöckchen oder Tannenzapfen. Erlaubt ist, was gefällt – und für den Hund keine Gefahr darstellt.

Im Haus sollten Sie bestimmen, mit welchen Gegenständen gespielt wird. Alles, was so klein ist, daß es verschluckt werden kann, sehr harte, spitze oder splitternde Gegenstände, an denen sich der Hund verletzen kann, sind als Spielzeug tabu. So vermeiden Sie, daß nach und nach sämtliche Schuhe in den privaten Spielzeugfundus Ihres Westies eingehen. Im Freien lassen Sie ihn dafür frei wählen und warten einfach ab, was er anschleppt.

Wie und was Ihr Westie gern spielt, hängt oft vom Alter ab. Ein junger Hund ist, wie ein kleines Kind, überaus neugierig und noch nicht so beständig in seinem Tun. Er neigt deshalb zur Unaufmerksamkeit und wechselt seine Aktionen sprunghaft. Je abwechslungsreicher Spiele und Spielzeug sind, desto besser. Außerdem fördern verschiedenste Gegenstände in unterschiedlichen Situationen die Intelligenz Ihres Hundes. Je älter der Hund wird, um so beständiger werden seine Vorlieben für bestimmte Dinge und Abläufe, die Spiele meist etwas ruhiger.

RAUFSPIELE ▶ Spielerisches Raufen ist wichtig und beliebt. Hier können Welpen das dosierte Zubeißen üben, ihre Kräfte testen und typische Verhaltensweisen üben. Toben Sie mit Ihrem Hund am Boden, stupsen Sie ihn leicht, lassen Sie ihn an einem Spielzeug zerren, nehmen Sie es ihm wieder weg, rangeln Sie mit ihm darum. Nebenbei machen Sie ihm klar, daß Sie kein so dickes Fell haben wie Seinesgleichen. Läßt er trotz Kommando »Aus« nicht locker, fassen Sie mit der zweiten Hand über den Fang und drücken mit Gefühl, bis er locker läßt.

Vor allem bei sehr dominanten Hunden sollten Sie bei Raufspielen immer darauf achten, daß Sie am Ende der Stärkere sind. Beenden Sie das Spiel damit, daß der Welpe auf dem Rücken liegt. Zum Ausgleich können Sie ihm ruhig ein Leckerchen geben.

ZERRSPIELE ▶ Mit dem Menschen um das Lieblingsspielzeug zu raufen, macht jedem Westie Spaß. Verwenden Sie am besten eines, das so groß ist, daß Sie es bequem auf der einen Seite halten können, während Ihr Hund auf der anderen Seite zerrt. Sehr gut eignen sich hierfür Baumwollseilknoten aus dem Fachhandel, es tut aber auch einfach ein altes Handtuch.

Bei Zerrspielen kann Ihr Westie gleichzeitig üben, auf Kommando etwas loszulassen. Es sollte aber immer alles Spiel bleiben und nie zu einer Machtprobe werden.

Lassen Sie bei wilderen Spielen wie Raufen und Zerren Ihren Westie zwischendurch »Sitz« oder »Platz« machen. So muß der Hund sich gut auf Sie konzentrieren, Sie haben sein Temperament besser unter Kontrolle, und nebenbei übt er spielerisch die verschiedenen Kommandos. Für Welpen sind Zerrspiele nicht geeignet. Dabei können leicht Zähne abbrechen, oder es kann zu Verletzungen im Fangbereich kommen.

SPIELE DRAUSSEN ▶ Bälle sind bei Hunden sehr beliebt. Ob die bunten Kullerdinger geworfen oder getreten werden – nachjagen und wiederbringen begeistern Ihren Westie. Vielleicht werden Sie ja auch ein richtiges Fußballteam?

Einen geworfenen Gegenstand zurückzubringen befriedigt die verschiedensten Bedürfnisse Ihres Westies im Spiel: Hetzen, laufen, suchen, Beute machen. Lassen Sie sich den Apportier-

Welpen sind neugierig, unternehmungslustig und immer zum Spielen aufgelegt.

gegenstand in die Hand geben. Legt ihn der Westie nur vor Ihre Füße, so gehen Sie einfach etwas zurück und warten, bis er ihn Ihnen übergibt. Vielleicht lernt er es sogar, vor einem Spaziergang Halsband und Leine zu bringen.

Viele Hunde haben auch Ihren Spaß daran, Gegenstände beim Spazierengehen mit sich herumzutragen. Lassen Sie den Westie dann sein eigenes Spielzeug auf Spaziergänge mitnehmen.

Wenn Sie mit Ihrem Hund draußen unterwegs sind, dann verschwinden Sie doch einfach in einem Moment, in dem der Westie nicht auf Sie achtet, hinter einem Baum. Nun soll er Sie suchen. Das Wiedersehen wird mit viel Hallo und Lob gefeiert.

Ein umgefallener Baum, eine Parkbank, ein Holzstoß – balancieren Sie gemeinsam mit Ihrem Westie darüber. Oder springen Sie gemeinsam über flache Hindernisse. Das fördert die Konzentration und das Gleichgewichtsgefühl von Mensch und Hund.

▶ TIP

Lassen Sie Ihren Westie vom Tierarzt durchchecken (Herz, Kreislauf, Gelenke), bevor Sie mit sportlichem Training beginnen.

▶ Hundesport

Wenn Sie die Herausforderung lieben und etwas sportlichen Ehrgeiz haben, dann ist vielleicht eine der inzwischen zahlreichen Hundesportarten etwas für Sie und Ihren vierbeinigen Freund. Der Klub für Terrier, aber auch andere Hundesportvereine haben an den meisten größeren Orten Plätze, wo Sie mit Ihrem Westie die verschiedensten Disziplinen trainieren können.

▶ Das Spiel beenden

Sie sind der Rudelchef und entscheiden, wann und wie lange gespielt wird. Reagieren Sie nicht auf jede Spielaufforderung, und beenden Sie selbst das Spiel, bevor Ihr Hund die Lust verliert. Brechen Sie das Spiel ab, indem Sie »Aus« sagen, nehmen Sie das Spielzeug an sich, und gehen Sie weg.

AGILITY ▶ Die Idee des Agility wurde in England als Pausenfüller bei einem Reitturnier geboren. Agility bedeutet Gewandtheit, Fitneß und schnelle Reaktion. Beste Voraussetzungen bringt mit, wer sich mit seinem Vierbeiner möglichst blind versteht. Harmonie und Miteinander sind gefragt, wenn es über den Parcours, der mindestens zwölf und maximal zwanzig Hindernisse beinhaltet, geht. Auf das Bewegungsbedürfnis des Hundes und seine Wendigkeit wurde ein Hindernisparcours zugeschnitten, auf den ihn sein Hundeführer begleitet und die notwendigen Anweisungen gibt. Der Parcours ist 100 bis 200 Meter lang. Es gibt drei Mini-Agility-Klassen und drei normale Agility-Klassen mit unterschiedlichen Schwierigkeitsgraden und Zeitvorgaben. Am Mini-Agility nehmen Hunde unter 40 cm Schulterhöhe teil. Die Hindernisse sind 20–25 cm niedriger als normal.

Alle Hunde laufen ohne Halsband und Leine. Der Hundeführer läuft parallel zum Hund mit, darf ihn aber auch vorausschicken. Nur der Hund überspringt die Hindernisse. Teilnehmen können alle Hunde, die dazu körperlich

in der Lage sind. Das Alter spielt keine entscheidende Rolle, es gibt sogar spezielle Agility-Programme für jüngere und ältere Hunde.

FLYBALL ▶ Bei diesem Staffelwettbewerb treten zwei Hundeteams gegeneinander an. Ein Team besteht aus vier Hunden mit ein oder zwei »Auswechselspielern«. Mit dem Abzählen des Countdowns wird der erste Hund losgelassen. Dieser überspringt eine Folge von 4 Hürden im Abstand von jeweils 3 m. Am Ende der Bahn steht die Flyball-Box. Der Hund muß auf ein Pedal an der Box treten, damit ein Tennisball herausspringt, den er fassen und mit zurück über die vier Hürden zum Startpunkt nehmen muß. Sobald der Hund die Ziellinie übertritt, wird der nächste Hund losgelassen, bis schließlich alle vier Hunde den Lauf erfolgreich beendet haben. Das Team, das als erstes alle vier Hunde erfolgreich im Ziel hat, ist Sieger. Prinzipiell kann jede Hunderasse an dem Spiel teilnehmen, die mindestens 20 cm hoch springen kann.

Bei manchen Hunden dauert es etwas, bis sie das Prinzip der Flyball-Box verstanden haben, doch dann sind sie in ihrem Eifer kaum mehr zu bremsen.

TURNIERSPORT ▶ Dies ist ein Vierkampf, der in der Gruppe ausgeübt wird und bei dem auch Wettkämpfe bis zu Meisterschaften auf Landes- und Bundesebene durchgeführt werden. Als Gehorsamsübungen werden Leinenführigkeit, Freifolge, Sitz und Platz gefordert. Außerdem sind ein Hürdenlauf,

»Wer wirft mir meinen ‹Kong›?«

Keine Hürde ist ihm zu hoch. Wer da mithalten will muß fit sein.

ein Slalomlauf, ein Hindernislauf und ein Geländelauf zu bewältigen. Der Turnierhundesport ist bereits ein harter sportlicher Wettkampf, bei dem es um Punkte und Zeiten geht. Dabei müssen beide, Hund und Hundeführer, sportlich fit sein, da beide gleichzeitig den Parcours überwinden müssen.

OBEDIENCE ▶ Dies ist eine in England und USA sehr weit verbreitete Form der Hundeausbildung, bei der Gehorsamsübungen nur auf Sichtzeichen des Hundeführers hin ausgeführt werden. Der Hundeführer steht ca. 10 m vom Hund entfernt und der Hund befolgt die gegebenen Handzeichen.

Westies züchten

Westies züchten

100	▶	**Voraussetzungen**	105	▶	**Geburt**
101	▶	**Formalitäten**	106	▶	**Welpenentwicklung**
102	▶	**Zuchthündin**	108	▶	**Ausstellungen**
104	▶	**Trächtigkeit**			

▶ **Voraussetzungen**

Einen Wurf Welpen zu versorgen, ist ein Fulltime-Job über mehrere Wochen. Was Sie also vor allen Dingen brauchen, ist viel, viel Zeit und Geduld. Berufstätige Hundefreunde sollten deshalb lieber von der Zucht absehen – oder ihren ganzen Jahresurlaub und die tatkräftige Unterstützung der gesamten Familie einplanen.

Platz ist zwar in der kleinsten Hütte, doch für einen Wurf müssen Sie Mutter und Kindern einen eigenen Raum zur Verfügung stellen können (siehe S. 101). In einer kleinen Mietwohnung dürfen Sie deshalb nicht ans Züchten denken.

Vergessen Sie nicht, daß die Hundezucht auch mit finanziellem Aufwand verbunden ist. Die Einnahmen durch den Verkauf der Welpen decken in der Regel gerade Ihre Ausgaben für die ersten 8 bis 10 Lebenswochen. Verdienen können Sie also kaum dabei. Doch dies sollte ohnehin nicht die Motivation dafür sein, mit dem Westie zu züchten. Im Vordergrund stehen der Spaß und die Liebe zu den Hunden.

Züchterische Vervollkommnung sowie Vermeidung und Beseitigung von Zuchtschäden sind oberstes Gebot züchterischen Handelns. Wer eine möglichst hohe Wurfzahl und finanziellen Gewinn im Auge hat, ist nicht Züchter, sondern Vermehrer.

Eine Verbesserung und Gesunderhaltung der Rasse kann nur durch Zusammenarbeit der Züchter untereinander, mit Tierärzten und wissenschaftlichen Institutionen erreicht werden.

Vor der eigentlichen Zucht steht immer die Auswahl der geeigneten Zuchtpartner. Jeder angehende Züchter sollte sich mit den wesentlichen Grundsätzen der Genetik vertraut machen, um zu verstehen, wie sich die verschiedensten

Der Einsatz aller Familienmitglieder ist gefragt, wenn es heißt, einen Wurf Welpen großzuziehen.

Eigenschaften und Merkmale weitervererben. So bleibt man bei seinem ersten Zuchtversuch auch eher von bösen Überraschungen wie Fehlbildungen und Erbkrankheiten verschont.

PLATZBEDARF ▶ Der Tierschutz fordert für die Zucht ein Welpenzimmer von mindestens 8 m² Größe, das hell, trocken und zugfrei sein muß und auf 20–22 °C geheizt werden kann, in dem auch die Wurfkiste steht. Diese Mindestanforderungen sollten Sie auf jeden Fall erfüllen. Besser ist natürlich ein deutlich größerer Raum von 12–16 m², der einen Ausgang ins Freie hat, wo Sie einen Welpenauslauf abtrennen können. Idealerweise liegt das Welpenzimmer unweit des vom Menschenrudel am häufigsten genutzten Raumes, um von Anfang an die Nähe der Menschen gewöhnt zu werden.

Ein Auslauf im Freien ist wichtig, da die Welpen mit 5 bis 6 Wochen so nach und nach immer etwas länger an die frische Luft sollen, um verschiedene Untergründe, Sonne, Wind und Wetter kennenzulernen; Allgemeinbefinden und Immunsystem werden gefördert. Ein gepflegter Ziergarten als Freilaufgehege für eine Horde unternehmungslustiger Westie-Welpen ist natürlich nicht geeignet. Denken Sie auch an die Sicherheit der Welpen: Ein mittlerer Gartenteich ist ein kleiner Ozean, ein Swimmingpool eine tödliche Falle, und es kommt auch durchaus vor, daß so ein niedliches weißes Fellknäuel gestohlen wird.

Für den ersten Wurf kann man natürlich auch zunächst ein Gäste- oder Arbeitszimmer opfern, es entsprechend herrichten und einen Teil des Gartens als Freilauf abtrennen. Weniger sollte es aber nicht sein.

▶ Wurfkiste

- Grundfläche ca. 60x90 cm

- Rück- und Seitenwände ca. 50 cm hoch

- vordere Wand so niedrig, daß die Hündin bequem aus- und einsteigen kann

- gut gepolstert: eine dicke Lage Zeitungen, darüber waschbare Hand- oder Leintücher

- wenn die Welpen da sind, Tücher durch Vetbed ersetzen

- Wärmestrahler über der Kiste oder Heizmatte unter der Einlage

▶ Formalitäten

Wenn Sie sich entscheiden, mit Ihrem Westie zu züchten, ist zunächst einmal einiger Papierkram nötig. Lassen Sie sich am besten von einem erfahrenen Züchter helfen, und wenden Sie sich an VDH und KfT bzw. SKG oder ÖKV.

Der Klub für Terrier in Deutschland bzw. SKG oder ÖKV achten darauf, daß das Zuchtziel – Erhalt und Verbesserung der Rasse – auch angestrebt und erreicht wird. Diese Verbände stehen Zuchtneulingen beratend zur Seite und informieren über die Zuchtbestimmungen. Sie erteilen die Zuchtzulassung, führen die Zuchtbücher und sind allein berechtigt, Ahnentafeln auszugeben. Hier können Sie auch die Zwingerzulassung unter Nennung von drei Wunschnamen beantragen. Den Zuchtwarten müssen alle Würfe gemeldet werden. Sie besichtigen die Welpen und ihre Unterbringung, erstellen ein Wurfabnahmeprotokoll und nehmen oft auch die Tätowierung der Welpen vor.

▶ **Zuchtbestimmungen**

Die Bestimmungen ruhen auf drei Säulen:
- ▶ Schutz der Zuchttiere im Sinne des Tierschutzgesetzes
- ▶ Artgerechte Haltung der Zuchttiere und persönliche Eignung des Züchters
- ▶ Mindestanforderung an die Qualität der Hunde

ZUCHTZULASSUNG ▶ Bevor Sie mit einem Rüden oder einer Hündin zu züchten beginnen, müssen diese auf einer Zuchtschau mindestens die Formwertnote »Sehr gut« erhalten oder eine Zuchtzulassung bestanden haben. War der Hund bei der Zuchtzulassung jünger als 20 Monate, so muß diese mit Erreichen dieses Alters wiederholt werden, ansonsten ist sie aber unbegrenzt gültig.

Ab der fünften Wochen gewöhnen Sie die Welpen langsam an Wind und Wetter, damit aus ihnen robuste Kerlchen werden.

Nun können Sie auch Zwingerschutz beantragen. Ein Zuchtwart wird Sie dann besuchen, sich die Räumlichkeiten anschauen, aber auch Ihre persönliche Eignung und kynologischen Kenntnisse überprüfen. Wenn er sich davon überzeugt hat, daß die Welpen bei Ihnen artgerecht gehalten und aufgezogen werden, bekommen Sie eine Zwingerschutzkarte. Rechnen Sie für die Erledigung aller Formalitäten einen Zeitraum von ca. 3 Monaten ein.

Sobald Sie diese haben, können Sie Ihre Hündin bei der nächsten Hitze belegen oder aber Ihren Rüden das erstemal decken lassen.

▶ **Zuchthündin**

Noch immer wird von manchen die Meinung vertreten, daß eine Hündin mindestens einmal im Leben einen Wurf Welpen haben soll. Dies ist aber nichts weiter als ein Ammenmärchen und sollte Sie nicht dazu verleiten, Ihre Hündin unter ungeeigneten Bedingungen werfen zu lassen. Ebensowenig sollten Sie mit einer Zucht beginnen, weil Sie hoffen, das würde das Wesen Ihrer Hündin vorteilhaft verändern. Solche Hoffnungen sind trügerisch und werden meist auch nicht erfüllt.

Wollen Sie mit Ihrer Hündin züchten, beantragen Sie rechtzeitig die Zuchtzulassung und machen sich gleichzeitig schon mit einigen grundlegenden Dingen vertraut.

Rein biologisch kann eine Hündin schon bei der ersten Hitze befruchtet werden. Ihr fehlt aber noch die physische und psychische Reife, um die Strapazen von Trächtigkeit, Geburt und Welpenaufzucht durchzustehen. Eine so junge Hündin decken zu lassen verstößt außerdem gegen jede Zuchtvorschrift. Diese erlaubt die Zucht erst ab einem Alter von 15 Monaten. Der ideale Zeitpunkt für eine erstmalige Zuchtverwendung liegt im Alter zwischen zwei und drei Jahren.

Eine Hündin sollten Sie auch nicht später als mit 5 Jahren zum erstenmal decken lassen. Mit zunehmender Stabilisierung des Beckens nimmt die Gefahr von Geburtsschwierigkeiten stark zu.

ZYKLUS ▶ Eine Hündin wird etwa alle 6 bis 8 Monate läufig, ein kompletter Geschlechtszyklus beträgt etwa 7 Monate. Die Mediziner unterscheiden vier Zyklusstadien. Proöstrus (Vorbrunst) und Östrus (Brunst) mit jeweils etwa 10 Tagen Dauer machen zusammen die Läufigkeit oder Hitze aus (siehe Kasten). Danach folgen Metöstrus (130 Tage) und Anöstrus (60 Tage), bis der Zyklus komplett abgeschlossen ist.

Den besten Deckzeitpunkt können Sie vom Tierarzt durch eine Hormonuntersuchung bestimmen lassen. Ein erfahrener Deckrüde erkennt aber meist ohne Laborwerte genausogut, wann eine Hündin aufnahmebereit ist.

PAARUNG ▶ Bevor Sie Ihre Hündin decken lassen, ist ein Gesundheitscheck beim Tierarzt angesagt. Achten Sie auch darauf, daß die Impfungen nicht älter als ein halbes Jahr sind, ansonsten lassen Sie sie besser jetzt schon auffrischen.

Sobald Ihre Hündin läufig geworden ist, informieren Sie den Besitzer des Deckrüden, den Sie sich vorher gewissenhaft ausgesucht haben. Zum errechneten Decktermin bringen Sie Ihre Hündin dann zum Rüden. Dort werden die Hunde zusammengebracht und können sich erst einmal kennenlernen. Ent-

---

Zeitlicher Ablauf der Läufigkeit

ca. fünf Tage vor Beginn der eigentlichen Läufigkeit
Scham beginnt zu schwellen, gesteigerter Appetit, sehr anhänglich

1.–10. Tag
Ausfluß, zunächst rot, wird zunehmend farbloser

11.–13. Tag
bester Decktermin, höchste Fruchtbarkeit

14.–17. Tag
Hündin nimmt Rüden immer noch an, Befruchtung möglich

18.–20. Tag
Hündin wehrt Rüden ab, Befruchtungsfähigkeit aber immer noch vorhanden

---

flammt die »große Liebe« zwischen den beiden, wird der Rüde sehr bald anfangen aufzureiten. Der Decktermin sollte in ruhiger, entspannter Atmosphäre mit so wenig Personen wie möglich stattfinden.

Nach dem Samenerguß tritt das für Hunde typische »Hängen« auf. Durch Schwellkörper wird der Penis in der Scheide festgehalten, was das Ausfließen von Sperma verhindern und eine Befruchtung wahrscheinlicher machen soll. Das Paar hängt für 5–45 Minuten fest verbunden aneinander und darf auf keinen Fall gewaltsam getrennt werden.

Zwei Tage nach dem ersten Decktermin kann man durch einen zweiten Deckakt die Chancen einer Befruchtung erhöhen. Die »Erfolgsquote« liegt zwischen 60 und 90 %. Bleibt die Hündin leer, ist es üblich, daß sie bei der nächsten Hitze noch einmal vom selben Rü-

Geburtsvorbereitungen

Diese Dinge sollten Sie schon vor der Geburt vorbereitet haben:

☐ komplett ausgestattete Wurfkiste

☐ Tücher zum Trockenreiben der Welpen

☐ Papiertücher

☐ Desinfektionsmittel für die Hände

☐ Welpenmilch

☐ Einwegspritze

☐ Wurftagebuch und Stift

☐ Telefonnummes der Tierarztes

den ohne nochmalige Zahlung der Decktaxe gedeckt werden kann.

▶ Trächtigkeit

Was beim Menschen die berühmten neun Monate sind, dauert bei einer Westie-Hündin nur etwa neun Wochen. Die durchschnittliche Tragezeit beträgt 63 Tage.

1.–4. WOCHE ▶ In den ersten beiden Wochen nach einer Befruchtung werden Sie kaum Veränderungen an Ihrer Hündin bemerken. Ab der 3. Woche kann es sein, daß Ihre Hündin ruhiger und etwas anhänglicher wird. Da sich der Stoffwechsel allmählich umstellt, kommt es vor, daß sie morgens Galle und etwas Schleim erbricht. Der Tierarzt kann mittels Ultraschall feststellen, ob überhaupt eine Befruchtung stattgefunden hat.

5.–7. WOCHE ▶ Beobachten Sie die Zitzen: Oft beginnen sie sich ab der 5. Woche rosa zu färben und etwas größer zu werden. Dieses Anzeichen kann allerdings auch bei einer Scheinträchtigkeit auftreten. Ein glasiger Ausfluß aus der Scheide ist ein weiteres, recht sicheres Zeichen für eine Trächtigkeit. Dieser Ausfluß darf nie eitrig, rot, braun oder grünlich gefärbt sein. Ansonsten gehen Sie rasch zum Tierarzt.

Ab diesem Zeitpunkt kann ein geübter Fachmann auch die Embryonen in der Gebärmutter ertasten und die Zahl der Welpen bestimmen.

In der 6. Woche sollte man die werdende Mutter noch einmal entwurmen. Nun können Sie auch anstelle des normalen Futters spezielle Nahrung für trächtige und säugende Hündinnen geben.

Allmählich kann man sehen, wie die Westie-Dame zunehmend rundlicher wird. Schonen Sie Ihre Hündin aber trotzdem nicht zu sehr, Bewegung tut ihr gut. Gewaltmärsche, Treppensteigen und wilde Sprünge sollten allerdings vermieden werden.

8. WOCHE ▶ Wenn Sie eine Hand flach auf den Bauch der trächtigen Hündin legen, können Sie jetzt fühlen, wie sich die ungeborenen Welpen im Bauch der Mutter bewegen. Klären Sie in dieser Zeit mit Ihrem Tierarzt ab, ob er zum voraussichtlichen Geburtstermin erreichbar sein wird.

9. WOCHE ▶ Vielleicht wird Ihnen auffallen, daß Ihre Hündin etwas weniger frißt, dafür aber öfter zum Lösen ins Freie will. Das liegt daran, daß die Föten nun schon sehr viel Platz im Bauch der Mutter in Anspruch nehmen.

Gewöhnen Sie spätestens jetzt Ihre Hündin an die Wurfkiste. Lassen Sie sie z.B. nachts darin schlafen.

Etwa zwei Tage vor der Geburt senkt sich der nun recht dicke Bauch der Hündin nach unten, die Flanken wirken eingefallen. Sie wird zunehmend unruhiger, will oft ins Freie und zerwühlt, in der Absicht ein Nest zu bauen, ihr Lager. Nun ist es bald soweit, alle Vorbereitungen für die Geburt sollten getroffen sein.

▶ Geburt

Ganz kurz vor der Geburt verweigert die Hündin das Futter und entleert Blase und Darm vollständig. Wenn sie zu hecheln und zittern beginnt, setzen die Eröffnungswehen ein. Sie bringen die Föten in die für die Geburt richtige Position. Spätestens jetzt sollten Sie die werdende Mutter dazu bewegen, sich in die Wurfkiste zu legen. Teilen Sie Ihrem Tierarzt mit, wenn die Geburt beginnt. So können Sie im Notfall schneller mit Hilfe rechnen.

Die Geburt sollte in einem ruhigen Umfeld stattfinden. Machen Sie keine Show für die ganze Familie daraus. Zwei Personen, die die Hündin gut kennt und denen sie vertraut, sind genug. Das Einsetzen der Preßwehen kann man am Unterleib der Hündin sehen. Wellenförmig wird die Bauchdecke zusammengezogen und die Föten werden in Richtung »Licht der Welt« geschoben. Nun platzt auch die äußere Fruchtblase und Fruchtwasser geht ab. Notieren Sie diesen Zeitpunkt. Länger als 1,5 Stunden sollte der erste Welpe nun nicht mehr auf sich warten lassen.

DER ERSTE WELPE ▶ Mit einem Schwall Fruchtwasser rutscht der erste

Diese verspielten Fellbündel lassen jede Mühe bei der Aufzucht vergessen.

Welpe ins Leben. Die Mutter reißt die Fruchtblase auf, beißt die Nabelschnur durch und beginnt ihr Baby trocken zu lecken. Fruchtblase, Nabelschnur und Nachgeburt werden aufgefressen. Bald beginnt der Winzling nach der Milchquelle zu suchen. Schon nach wenigen Minuten, manchmal aber auch erst eine Stunde später, kommt das erste Geschwisterchen, bis sich nach und nach die Wurfkiste mit Leben füllt. Kennzeichnen Sie die Welpen, in welcher Reihenfolge sie geboren wurden, wiegen Sie sie und notieren Sie das Gewicht.

Am Ende der Geburt müssen Sie sicher sein, daß alle Welpen da sind und auch keine Nachgeburt im Körper geblieben ist. Im Zweifelsfall zieht man den Tierarzt zu Rate. Säubern Sie das von der Geburt verschmutzte Fell der Hundemama, und reinigen Sie die Wurfkiste. Gönnen Sie der Hundefamilie nun viel Ruhe.

Anfangs wird die frischgebackene Mutter ihren Wurf überhaupt nicht allein lassen wollen. Um sie zum Lösen zu bringen, müssen Sie dann vielleicht sanften Zwang anwenden. Sie lernt aber schnell, daß es ihren Kleinen gutgeht,

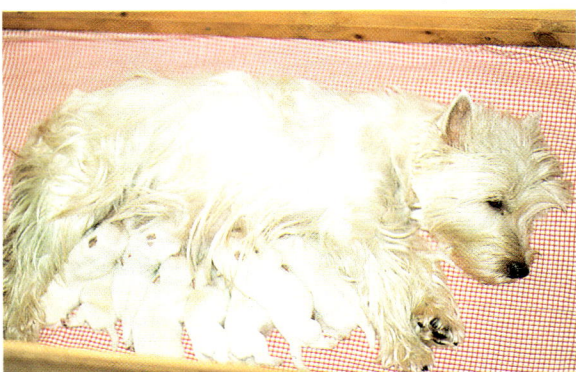

In den ersten Wochen sind die Welpen völlig hilflos und von der Mutter abhängig. Für die Hündin bedeutet dies einen Fulltimejob, der viel von ihr verlangt – vor allem wenn der Wurf wie hier recht groß ist.

wenn sie zurückkommt, und wird sich bald nicht mehr sträuben.

In den ersten Tagen füttern Sie am besten leichte Kost, um die Hündin nicht zu sehr zu belasten. Wenn sich Kreislauf und Stoffwechsel wieder eingependelt haben, bekommt sie Spezialfutter für säugende Hündinnen, mästen Sie sie aber nicht. Achten Sie vor allem auch auf eine ausreichende Versorgung mit Kalzium, da durch die Milchproduktion der Bedarf an diesem Mineral stark erhöht ist.

▶ Welpenentwicklung

In den ersten beiden Lebenswochen sind die Welpen blind und taub. Ihre einzige Aufgabe besteht darin, zu schlafen, zu saugen und zu wachsen. Wiegen Sie die Welpen jeden Tag. Ihr Gewicht sollte täglich um mindestens 20 g zunehmen.

Nach 14–16 Tagen öffnen sich die Augen, und die Welpen beginnen unbeholfen herumzutapsen. Pflegen Sie intensiven Körperkontakt zu den Kleinen.

10–14 Tage nach der Geburt müssen die Welpen – und auch die Mutter – zum erstenmal entwurmt werden, was dann regelmäßig wiederholt wird (siehe S. 56).

PRÄGUNGSPHASE ▶ In ihrer vierten Lebenswoche werden Westie-Welpen neugierig, sie wollen herumspazieren und ihre Umwelt mit allen Sinnen erfahren. Diese Phase muß genutzt werden, um den Hunden soviel wie möglich von ihrer Welt zu zeigen: Erwachsene und Kinder, andere Tiere, verschiedenste Untergründe, erste Kontakte mit der Natur, Spielen mit dem Menschen. Gleichzeitig lernen sie von ihrer Mutter die Hundesprache.

Sie können sich nun schon auf den Boden kauern und die Welpen mit »Komm, komm« locken. Um die Menschenbindung weiter zu festigen, geben Sie den Welpen beliebtes Welpenfutter in ganz kleinen Mengen aus der Hand. Ab der vierten Woche kann mit der Zufütterung von Welpennahrung begonnen werden, um die Entwöhnung unproblematisch zu machen. Je lebhafter die Welpen werden, desto wichtiger ist es, sämtliche Gefahren in der Wohnung, wie herumliegende kleine Gegenstände, Giftpflanzen oder Elektrokabel, zu beseitigen.

In der fünften Woche werden sich Ihre Welpen schon lebhaft für Menschen interessieren. Den Körperkontakt zu jedem einzelnen Welpen sollten Sie fortsetzen. Die Welpen werden jetzt anfangen, sich immer mehr für feste Nahrung zu interessieren. Machen Sie bei gutem Wetter die Welpen mit dem Freiauslauf bekannt. Als verantwortungsvoller Züchter sollten Sie den natürlichen Prozeß der Entwicklung zur Stubenreinheit unterstützen und den Welpen die Möglichkeit geben, sich entfernt von ihrem Lager zu lösen.

Während der sechsten Woche werden die Welpenzähne immer spitzer und länger, beim Säugen empfindet die

Mutterhündin Schmerzen. Geben Sie ihr Gelegenheit, sich von ihren Welpen zu entfernen, sie aber noch im Auge zu behalten. Achten Sie auch auf die Krallen der Welpen. Sie müssen diese regelmäßig kürzen, sonst wird das Gesäuge der Hündin wund.

Die Milch der Mutter ist nun fast vollständig versiegt. Vielleicht bricht die Mutter den Welpen nun ihr Futter vor.

Fangen Sie an, Ihre Welpen mit verschiedenen Futtermitteln vertraut zu machen. Eine abwechslungsreiche Ernährung in diesem Alter hilft, eine gesunde Darmflora aufzubauen, welche den Welpen einen besseren Schutz gegenüber Infektionsgefahren im weiteren Leben bietet. Intensives Spiel mit den Welpen ist in dieser Phase sehr wichtig – am besten auf Welpenniveau auf dem Boden liegend.

Sind die Welpen sieben bis acht Wochen alt, ermöglichen Sie ihnen den Kontakt zu vielen verschiedenen Menschen. Die Welpen lernen nun auch Ihre übrigen Haustiere kennen und beobachten vielleicht, daß ihre Mutter die Katze nicht jagt. Falls Sie mehr als einen erwachsenen Westie haben, so können diese gut an der Erziehung der Welpen beteiligt werden. Welpen lernen sehr viel durch Nachahmung!

Während dieser Entwicklungsphase sind außerdem die ersten Impfungen fällig (siehe S. 51).

SOZIALISIERUNGSPHASE ▶ Mit etwa 10 Wochen heißt es, die Welpen an ihre neuen Besitzer abzugeben und sich zu entscheiden, welchen Sie vielleicht behalten wollen. Nehmen Sie sich viel Zeit für Gespräche mit den neuen Besitzern Ihrer Welpen, damit Sie ein gutes Ge-

Viel Kontakt auch zu Kindern garantiert dafür, daß aus Welpen großartige Familienhunde werden.

fühl haben, wenn der Welpe Sie dann im Arm des neuen Besitzers verläßt.

Im Alter von 10 bis 15 Wochen sollen die Welpen die ersten Grundlagen der Erziehung beigebracht bekommen und so viele Erfahrungen in ihrer Umwelt sammeln wie nur möglich. Schon deshalb ist es wichtig, daß Sie sich die zukünftigen Besitzer genau anschauen, damit die kleinen Westies in dieser Phase die bestmögliche Unterstützung erhalten.

ERWACHSEN WERDEN ▶ Nach und nach werden die Welpen bei ihren neuen Besitzern erwachsen werden. Sie durchleben wichtige Phasen, in denen sie lernen,

Frische Luft macht einen 6 Wochen alten Welpen schnell müde und hungrig.

die Position in ihrem Rudel zu finden, ihre Kräfte einzuschätzen und zunehmend selbständiger zu werden. Während der Pubertät im Alter von etwa 7–8 Monaten werden Hündinnen zum ersten Mal läufig, Rüden beginnen das Bein zu heben und ihr Revier deutlich zu markieren. Aus den wenige Gramm schweren Fellbündeln sind aufgeweckte Junghunde geworden.

▶ Ausstellungen

Sicher sind Sie stolz auf Ihren vierbeinigen Begleiter und haben nun auch einmal Lust, sich und ihn mit anderen zu messen: Sie wollen auf eine Ausstellung gehen.

Die Rassehundezuchtorganisationen haben mit den Ausstellungen Zentren geschaffen, bei denen Zuchtergebnisse gesehen, beurteilt und verglichen werden können. Ausstellungen heißen in Deutschland daher auch richtig Zuchtschauen. Bei den großen internationalen Zuchtschauen sind oft mehrere tausend Hunde der verschiedensten Rassen und ihre mehr oder weniger aufgeregten Besitzer zu sehen.

Für die Ausstellungen haben die FCI (Fédération Cynologique Internationale) als Internationaler Dachverband, der VDH (Verband für das Deutsche Hundewesen) auf nationaler Ebene in Deutschland und der KfT (Klub für Terrier) als Rassehundezuchtverband Zuchtschauordnungen ausgearbeitet, die Einteilung, Formwertnoten und Titelvergaben für die einzelnen Ausstellungen auf der jeweiligen regionalen, nationalen und internationalen Ebene regeln. In diesen Zuchtschauordnungen sind auch die gesamten Abläufe von der mühevollen Vorarbeit, der Bekanntmachung der Ausstellung und dem Versand von Einladungen bis zu den Richterberichten und Urkunden, die jeder Aussteller erhält, festgelegt.

Nur Hunde mit vom VDH anerkannten Ahnentafeln, die gesund, schutzgeimpft und ohne zuchtausschließende

Fehler sind, können gemeldet werden. Es richten entweder Spezialzuchtrichter, Gruppenrichter oder Allgemeinrichter. Die Hunde werden getrennt nach Rüden und Hündinnen in verschiedenen Altersklassen gerichtet. Jeder Hund kann nur in einer Klasse gemeldet werden.

TIP

Bewertungskriterien bei einer Ausstellung sind die Gesamterscheinung des Hundes, Körperbau, Gebiß, Haarkleid, Gangwerk und Wesen, die sich nach dem Rassestandard richten.

Die Beurteilung reicht von Vorzüglich (V) über Sehr gut (Sg), Gut (G) und Genügend bis zu Ungenügend. In der Jüngstenklasse von 6 bis 9 Monaten werden die Noten Vielversprechend (VV), Versprechend (V) und wenig Versprechend (WV) vergeben. Die besten Hunde der Reifeklassen konkurrieren um das begehrte CAC (Anwartschaft für den Deutschen Champion), bei Internationalen Zuchtschauen zusätzlich um das CACIB (Anwartschaft auf den Internationalen Champion). Außerdem werden Anwartschaften auf den VDH-Champion an jeden V1-Hund der Reifeklassen verliehen, wenn es sich um eine vom VDH geschützte Schau handelt.

Die jeweils errungenen Titel werden vom Rassehundezuchtverband, bei unseren Westies dem KfT, in die Ahnentafeln eingetragen und sind ein Kriterium für die Beurteilung der Qualität bei der Abstammung eines Westies.

VORBEREITUNG ▶ Ausstellungen sind zweifellos auch eine Art sportlicher Wettkampf. Beginnen Sie also rechtzeitig mit dem gemeinsamen Training. Wie im Sport gilt auch hier: Wer untrainiert antritt, hat schon wertvolle Punkte verschenkt.

Wenn Sie Ihren Westie irgendwann einmal erfolgreich ausstellen wollen, müssen Sie sich eingehend mit dem Rassestandard befassen, einen korrekt gebauten Westie mit sehr gutem Temperament haben und das Trimmen nach Möglichkeit selbst beherrschen oder einen guten Trimmer haben. Ausstellen von Westies bedeutet einiges an Ausgaben, viel harte Arbeit und Ausdauer. Besuchen Sie schon vorab mehrere Ausstellungen, um einen Eindruck vom Ablauf und Handling zu bekommen.

Treten Sie einer Ortsgruppe des Klub für Terrier bei, Ansprechpartner erfahren Sie von der Geschäftsstelle des KfT (bzw. informieren Sie sich über SKG oder ÖKV). Hier können Sie in Gemeinschaft mit anderen Terrierfreunden lernen, wie ein Hund gut präsentiert wird und dies ausgiebig mit Ihrem Westie üben.

ÜBUNG MACHT MEISTER ▶ Da Sie Ihren Westie ja ohnehin vom ersten Tag an zur Pflege auf einen Tisch gestellt haben, er dies kennt und sich nicht fürchtet, wird es nur eine kleine Erweiterung Ihrer Übung sein, wenn Sie ihn anschließend an einer Vorführleine auf dem Tisch in Ausstellungspose aufbauen. Nur wenige Minuten täglich reichen schon.

Beginnen Sie mit kurzen Stehübungen, und steigern Sie dann. Achten Sie darauf, daß Ihr Westie dabei entspannt bleibt und ihm die Übung Spaß macht. An Lob sollten Sie nie sparen. Es wird Ihrem Westie Freude machen, wenn er merkt, daß Sie mit seinen Fortschritten zufrieden sind. Wenn Sie nach zwei

Rechtzeitig vor der Ausstellung wird der Westie in Form gebracht.

Wochen mit der Übung auf dem gewohnten Tisch zufrieden sind, können Sie die Übung auf anderen Tischen, in fremder Umgebung und auf dem Fußboden fortsetzen.

Auch das Vorführen in der Bewegung will gelernt und geübt sein. Wenn Sie eine Gruppe gefunden haben, sollten Sie regelmäßig an den Übungsstunden teilnehmen. Später im Ring ist Ihr Westie auch nicht allein. Ihr Westie soll locker neben ihnen hergehen, weder er Sie noch Sie ihn ziehen.

AUSSTELLUNGSTRIMMING ▶ Im Prinzip ist das Trimmen vor Ausstellungen nicht viel anders als das normale Trimming. Der Unterschied besteht darin, daß der Westie genau am Tag der Ausstellung in seiner Bestform sein sollte. Da das Haarwachstum bei jedem Westie etwas anders verläuft, mal schneller mal langsamer bei unterschiedlicher Haarbeschaffenheit, müs-

sen Sie ausprobieren, wie lange Zeit vorher Sie Ihren Westie noch übertrimmen können, damit er am Ausstellungstag in Topform ist.

Wenige Tage vor der Ausstellung kommt eine komplette Reinigung Ihres Westies hinzu, da Sie ihm ja in der übrigen Zeit nicht die Freuden eines Hundelebens versagen werden, nur weil Sie beschlossen haben, ihn auszustellen. Entweder kreiden Sie Ihren Westie gründlich, oder er wird – mit einem guten Hundeshampoo – gebadet.

Anfänger und Außenstehende haben gegen das Kreiden große Vorbehalte. Wenn Sie Ihren Westie mit Calciumcarbonat, einem Naturprodukt, kreiden und darauf achten, daß keine Kreide in Augen und Nase kommt, so schadet dies Ihrem Westie keinesfalls. Im Gegenteil, Sie werden feststellen, daß dies der Haut Ihres Westies sogar sehr gut bekommt. Nach der Reinigungsprozedur bürsten Sie Ihren Westie tüchtig, lassen ihn sich schütteln und beobachten ihn, ob eventuell hier und da noch etwas nachgetrimmt werden muß. Nun müssen Sie darauf achten, daß Ihr Westie sich nicht mehr schmutzig macht, sonst war die Arbeit umsonst. Kreiden auf Schauen ist strikt verboten. Die VDH-Ausstellungsordnung sagt: Auf dem Zuchtschaugelände ist ein über das Kämmen und Bürsten hinausgehendes Zurechtmachen des Hundes unter Verwendung jedweder Mittel und Hilfen untersagt.

Vergessen Sie auch nicht, einen Blick auf das Gebiß zu werfen. Ein gut gepflegter Westie wird aber sicher ohnehin strahlendweiße Zähne haben.

Sauberkeit im Ausstellungsring ist von größter Wichtigkeit. Dies gilt nicht nur für den Westie, sondern auch für Ihre Kleidung. Sportliche Freizeitkleidung paßt sehr gut zum Terriercharakter der Westies. Denken Sie aber vor allem an bequeme Schuhe, da Sie am Ausstellungstag viel auf den Beinen sind.

ZEITPLANUNG ▶ Aus den Ausstellungsunterlagen, die Sie von der Zuchtschauleitung erhalten haben, geht der Einlaß der Hunde auf das Ausstellungsgelände sowie der Beginn des Richtens in den Ringen hervor. Häufig ist der Beginn des Richtens um 10 Uhr. Das heißt jedoch nicht, daß Sie unbedingt um 10 Uhr mit Ihrem Westie im Ring erscheinen müssen. In welchem Ring und in welcher Reihenfolge gerichtet wird, entnehmen Sie dem Katalog, den Sie am Eingang der Ausstellung erhalten. Nervosität und Hektik übertragen sich auf Ihren Westie. Versuchen Sie, ruhig und ausgeglichen zu bleiben.

Planen Sie genügend Zeit für die Anreise ein. Bei großen internationalen Ausstellungen können die Wege vom Parkplatz bis zu Ihrem Ring und Ihrer Box lang sein.

AUSRÜSTUNG ▶ Für jeden Sport brauchen Sie, wenn Sie Spaß daran haben wollen, eine gute und für diesen Zweck passende Ausrüstung. Wer zunächst einmal nur auf einer kleinen Ausstellung ausprobieren möchte, ob die Sache ihm und seinem Westie Spaß macht, muß sich nicht gleich einen Trimmtisch mit Rädern anschaffen. Leihen Sie sich zunächst einen, oder nehmen Sie einen

Ausstellungs-Ausrüstung

Das sollten Sie alles bei sich haben, wenn Sie eine Ausstellung besuchen:

- Impfpaß für Ihren Westie
- Pflegewerkzeuge wie Kamm und Bürste
- Ausstellungsleine
- Clip / Sicherheitsnadel für Startnummer
- Papierhandtücher zu Reinigungszwecken
- stabiler Tisch
- frisches Wasser
- Wassernapf
- Leckerlis
- Transportbox
- Klappstuhl

stabilen Klapptisch. Später können Sie sich immer noch eine professionelle Ausrüstung zulegen.

ABLAUF ▶ Verfolgen Sie das Geschehen in Ihrem Ring anhand des Katalogs. Ihre Startnummer haben Sie entweder am Eingang erhalten, oder Sie müssen diese im Ring abholen. Anhand der Startnummer und mit dem Katalog können Sie abschätzen, wann Sie mit Ihrem Westie im Ring erscheinen müssen.

Kurz bevor Sie dran sind, suchen Sie mit Ihrem Westie noch einmal den Löseplatz auf. Dann kämmen und bürsten Sie ihn noch einmal schön auf und können dann in den Ring gehen, wenn der Ringordner Ihre Klasse aufruft. Der Ringordner wird Sie nach Reihenfolge der Startnummern im Ring aufstellen. Nun beginnt das eigentliche Richten der Hunde.

Achten Sie darauf, daß sich Ihr Westie dem Richter immer von seiner besten Seite zeigt, damit dieser auch seine Qualitäten erkennen kann. Meistens müssen zuerst alle Hunde zusammen im Ring einige Runden laufen, wobei sich der Richter ein Bild vom Gesamteindruck der einzelnen Hunde, ihrem Verhalten und ihrem Gangwerk machen kann. Danach werden die Hunde im Ring einzeln bewertet. Dazu kommen die Hunde auf den Richtertisch. Erinnern Sie sich an Ihre Übung zu Hause: Anatomie, Gebiß und Haarkleid werden genau untersucht. Danach sagt Ihnen der Richter, wie Sie mit Ihrem Westie gehen sollen. Folgen Sie diesen Anweisungen, und sorgen Sie dafür, daß Ihr Westie in der gesamten Zeit einen temperamentvollen, fröhlichen und selbstbewußten Eindruck hinter-

läßt, bis der Richter Ihnen sagt, daß Sie sich wieder in der Reihe aufstellen können.

Wenn alle Teilnehmer der Klasse bewertet sind, sollten Sie Ihren Westie noch einmal besonders motivieren, damit er sich von seiner besten Seite zeigt. Nun Plaziert der Richter die Hunde. Bekommt Ihr Westie bei Ihrer ersten Ausstellung eine gute Note oder wird vielleicht sogar plaziert, waren Sie beide gut vorbereitet und können auf das Erreichte mit Recht stolz sein. Sollte es noch nicht so gut gelaufen sein, seien Sie nicht betrübt. Übung macht den Meister, und jeder muß erst einmal Erfahrungen sammeln.

TITEL ▶ Die Gewinner der Klassen werden dann später vom Ringordner nochmals in den Ring gerufen, zur Ermittlung und Vergabe der Anwartschaften, des »Besten Rüden« oder der »Besten Hündin« sowie des »Rassebesten«. Nach Beendigung des Richtens in den einzelnen Ringen finden dann in einem »Ehrenring« verschiedene Sonderwettbewerbe statt, wie Juniorhandling für Jugendliche, Paarklassen- und Zuchtgruppenwettbewerbe, und am Ende einer Ausstellung wird der schönste Hund der Ausstellung ermittelt.

KONTAKTE ▶ Benutzen Sie bewußt Ihre ersten Ausstellungen, um Kontakte zu anderen Ausstellern und Züchtern zu knüpfen, sehen Sie sich in Ruhe Ihre Mitkonkurrenten an, achten Sie auf Trimmtechniken und darauf, wie geübte Aussteller ihre Hunde vorführen. So können Sie mit jeder Ausstellung, die Sie besuchen, Ihr eigenes Wissen und Können erweitern und nebenbei auch noch interessante Kontakte knüpfen.

Service

Service

114 ▶ **Lexikon**

116 ▶ **Rassestandard**

119 ▶ **Literatur, Adressen**

120 ▶ **Register**

123 ▶ **Tierpaß**

124 ▶ **Infoline**

▶ **AFTERKRALLE** Fünfte Zehe an der Innenseite der Hinterhand, die bei Hunden meist verkümmert ist oder ganz fehlt.

▶ **AGILITY** Geschicklichkeitssport mit Hunden.

▶ **AHNENTAFEL** Abstammungsnachweis, der vom Verband ausgestellt wird und zu jedem Rassehund als Nachweis der Reinrassigkeit gehört.

▶ **ALLEINFUTTER** Futtermittel, das alle für einen Hund nötigen Nahrungsbestandteile in ausgewogenem Verhältnis enthält.

▶ **ALLERGIEN** Überempfindlichkeit, Hypersensibilität. Erhöhte Empfindlichkeit des Organismus gegenüber körperfremden Stoffen.

▶ **APPORTIEREN** Bringen von Gegenständen.

▶ **BEUTETRIEB** Ein aus dem Selbsterhaltungstrieb stammender Urtrieb bei jedem Hund, ein Beutetier zu jagen und zu erlegen. Kann auch zu Ausbildungszwecken dienlich sein.

▶ **CAC** Certificat d'Aptitude au Championat, Anwartschaft auf den nationalen Titel »Deutscher Champion«.

▶ **CACIB** Certificat d'Aptitude au Championat International de Beauté, Anwartschaft auf den Titel »Internationaler Champion«.

▶ **CHROMOSOMEN** Träger der Erbanlagen. Hunde haben 39 davon.

▶ **DECKHAAR** Das längere Deckhaar soll gerade, harsch, reinweiß und etwa 5 cm lang sein.

▶ **DROHSIGNALE** Akustische und körperliche Warnsignale der Hunde.

▶ **DUFTMARKE** Vom Wolf ererbte Gewohnheit, den Wohnbereich bzw. das Territorium mit Urin und Duftstoffen aus speziellen Drüsen abzugrenzen.

▶ **EKTOPARASITEN** Schmarotzer, die auf der Körperoberfläche des Wirtes leben, z.B. Flöhe, Milben, Zecken.

▶ **ENDOPARASITEN** Schmarotzer, die im Körperinneren des Wirtes leben, z.B. Würmer.

▶ **ERBRECHEN** Reflektorischer Entleerungsvorgang des Magens. Beim Hund nicht immer unbedingt ein Zeichen für eine Krankheit.

▶ **FCI** Fédération Cynologique Internationale, internationale Dachorganisation von nationalen Hundeverbänden in der ganzen Welt.

▶ **GEBÄUDE** Körperbau des Hundes.

▶ **GEBISS** Das erwünschte Gebiß bei einem ausgewachsenen Westie ist ein Scherengebiß mit 42 Zähnen.

▶ **GEHÖR** Es ist beim Hund sehr gut entwickelt. Der Hund kann noch sehr viel höhere Töne als wir Menschen hören, sogar im Ultraschallbereich.

▶ **GEN** Erbanlage. Liegt auf dem Chromosom und bestimmt ein Merkmal.

GERUCHSSINN Der am besten entwickelte Sinn des Hundes. Währen der Mensch nur ca. 5 Mio. Riechzellen in seinem Riechepithel besitzt, hat der Hund etwa 300 Mio.

GEWICHT Bei Hündinnen idealerweise 7,5–8 kg, bei Rüden 8–8,5 kg.

GRÖSSE Durchschnittliche Schulterhöhe bei Hündinnen 27–28 cm, bei Rüden 28–29 cm.

KASTRATION Operative Entfernung der Hoden bei Rüden, bei Hündinnen der Eierstöcke und meist auch der Gebärmutter.

KFT Klub für Terrier, zuchbuchführender Verband in Deutschland für West Highland White Terrier

KYNOLOGIE gr. kyon = Hund, logos = Lehre, Wissenschaft vom Hund.

LEFZEN Lippen des Hundes.

MEUTE Große, im Verband gehaltene Anzahl Hunde, die zu jagdlichen Zwecken genutzt werden.

NORMALTEMPERATUR In gesundem Zustand durchschnittlich etwa 38,5 °C.

ÖKV Österreichischer Kynologen-Verband, zuchtbuchführender Verband in Österreich für West Highland White Terrier.

PIGMENT Im Körpergewebe eingelagerter Farbstoff. Beim Westie ist gutes Hautpigment besonders wichtig.

PRÄGUNGSPHASE Sehr wichtige Entwicklungsphase des Hundes von der 3. bis zur 7. Woche, in der das künftige Verhalten gegenüber Menschen und anderen Tieren geprägt wird und die sich nicht wiederholen läßt.

RAUBZEUGSCHÄRFE Starker Trieb, Beutetiere (z.B. Dachse, Marder, Füchse u. ä.) zu töten.

RÜCKBISS Schneidezähne des Unterkiefers stehen mit Abstand hinter denen des Oberkiefers. Gilt beim Westie als Fehlstellung.

RÜDE So wird ein männlicher Hund genannt.

RUTE So nennt man den Schwanz des Hundes.

SKG Schweizer Kynologische Gesellschaft, zuchtbuchführende Vereinigung in der Schweiz für West Highland White Terrier.

STANDARD Aufstellung der Rassekennzeichen, die vom Zuchtverband des Heimatlandes der Rasse festgelegt werden. Er wird von der FCI anerkannt und ist für die Beurteilung der Rasse in allen der FCI angeschlossenen Ländern der Erde bindend.

STOP Stirnabsatz zwischen Schädel und Nasenbein.

TÄTOWIERUNG Kennzeichnung von Hunden im Ohr, Pflicht für alle im VDH gezüchteten Hunde.

UNTERWOLLE Kurzes Haar von feiner Struktur, dicht anliegend, schützt vor Kälte und Nässe.

VDH Verband für das Deutsche Hundewesen e.V., Dachorganisation der Hundezuchtverbände in Deutschland.

VORBISS Schneidezähne des Unterkiefers stehen vor denen des Oberkiefers. Gilt beim Westie als Fehlstellung.

WIDERRISTHÖHE Wird auch Schulterhöhe genannt. In senkrechter Linie wird beim stehenden Hund vom Widerrist bis zum Boden gemessen.

ZANGENGEBISS Schneidezähne des Oberkiefers stehen auf denen des Unterkiefers. Beim Westie unerwünscht, da dies meist ein Übergang zum Vorbiß ist.

ZUCHT Gezielte Vereinigung von Rüde und Hündin mit dem Ziel, Welpen mit den erwünschten Eigenschaften der Eltern zu erhalten.

Rassestandard

- Der West Highland White Terrier
- F.C.I.-Standard Nr. 85/20.01.1998/D
- Übersetzung: Frau Elke Peper
- Ursprungsland: Großbritannien
- Originalstandard: publiziert am 24.06.1997
- Verwendung: Terrier

KLASSIFIKATION FCI

Gruppe 3 (Terrier). Sektion 2 (Niederläufige Terrier). ohne Arbeitsprüfung.

ALLGEMEINES ERSCHEINUNGSBILD

Kräftig gebaut; tiefe Brust und weit nach hinten reichende Rippen; ebener Rücken, kraftvolle Hitnerhand mit muskulösen Läufen, die in hohem Maße eine großartige Verbindung von Kraft und Aktivität zum Ausdruck bringt.

VERHALTEN UND CHARAKTER (WESEN)

Klein, aktiv, unerschrocken, robust, mit beträchtlichem Selbstvertrauen ausgestattet und einem Auftreten, das Raubzeugschärfe erkennen läßt. Wachsam, fröhlich, mutig, selbstbewuß aber freundlich.

KOPF

Abstand zwischen Hinterhauptbein und Augen geringfügig größer als die Länge des Vorgesichts. Kopf reichlich mit Haar bewachsen und im rechten Winkel oder weniger zur Halsachse getragen. Kopf sollte nicht vorgestreckt getragen werden.

OBERKOPF

SCHÄDEL Leicht gewölbt; Stirnpartie mit glatten Konturen. Oberkopf vom Ohrenansatz zu den Augen hin geringfügig schmaler werdend.
STOP Deutlich; aus starken Wülsten der Stirnknochen gebildet, die unmittelbar oberhalb der Augen etwas vorstehen und zwischen den Augen eine leichte Vertiefung aufweisen.

GESICHSTSSCHÄDEL

NASENSCHWAMM Schwarz und ziemlich groß; mit dem übrigen Fang eine fließende Linie bildend; Nase nicht spitz vorstehend.

FANG Von den Augen bis zur Nasenspitze hin allmählich schmaler werdend. Vorgesicht unter den Augen nicht eingefallen oder stark abfallend, sondern gut ausgefüllt.
KIEFER/ZÄHNE Kiefer kräftig und von gleicher Stärke. Zwischen den Fangzähnen so breit, wie es mit dem verlangten Ausdruck von Raubzeugschärfe vereinbar ist. Die Zähne sind im Verhältnis zur Größe des Hundes groß, mit regelmäßigem Scherengebiß, wobei die obere Schneidezahnreihe ohne Zwischenraum über die untere greift und die Zähne senkrecht im Kiefer stehen.
AUGEN Weit voneinander angeordnet, mittelgroß, nicht groß und rund, so dunkel wie möglich; etwas tiefsitzend, wachsam und intelligent, unter buschigen Augenbrauen hervorguckend; dies bewirkt einen durchdringenden Blick. Helle Augen höchst unerwünscht.
OHREN Klein, aufrecht und sicher getragen, in einer deutlichen Spitze endend. Weder zu weit auseinander noch zu dicht zusammen stehend. Haar kurz und glatt (samtartig), sollte nicht geschnitten werden. Ohrenspitzen ohne jegliche Befransung. Runde, breite, große oder dicke Ohren so-

wie solche mit übermäßig üppiger Behaarung sind äußerst unerwünscht.

HALS

Lang genug, um die geforderte Kopfhaltung zu ermöglichen; muskulös; zum Ansatz hin allmählch breiter werdend, wodurch der Hals übergangslos in die gut zurückliegenden Schultern einmündet.

KÖRPER

Kompakt.
RÜCKEN Eben.
LENDEN Breit, kräftig.
BRUST Tief; Rippen in der oberen Hälfte gutgerundet, an den Körperseiten abgeflacht wirkend. Hintere Rippen weit zurückreichend; Abstand zwischen der letzten Rippe und der Hinterhand so kurz, wie es mit einer freien Bewegung vereinbar ist.

RUTE

12,5 bis 15 cm lang; mit hartem Haar bedeckt, ohne Befederung; so gerade wie möglich und forsch, jedoch nicht lustig oder über den Rücken gezogen getragen. Eine lange Rute ist unerwünscht und Ruten dürfen in keinem Fall kupiert werden.

GLIEDMASSEN

VORDERHAND

Vorderläufe kurz, muskulös und gerade, dicht mit kurzem, hartem Haar bewachsen.

SCHULTERN Schräg zurückliegend. Schulterblätter breit und eng am Brustkorb anliegend. Buggelenk gut nach vorne gelagert.

ELLENBOGEN Eng anliegend, wodurch eine freie Bewegung der Vorderläufe parallel zur Körperachse ermöglicht wird.

HINTERHAND

Kräftig, muskulös und im oberen Teil breit. Läufe kurz, muskulös und mit starken Sehnen.

OBERSCHENKEL Stark bemuskelt und nicht zu weit auseinanderstehend.

SPRUNGGELENKE Gut gewinkelt und gut unter den Körper gestellt; in Stand und Bewegung ziemlich dicht nebeneinander. Steile oder schwache Sprunggelenke äußerst unerwünscht.

PFOTEN

Vorderpfoten größer als die hinteren; rund, von angemessener Größe, kräftig, mit dick gepolsterten Ballen; mit kurzem, hartem Haar bedeckt. Die Hinterpfoten sind kleine und haben dick gepolsterte Ballen. Unterseiten der Ballen und alle Krallen vorzugsweise schwarz.

GANGWERK

Frei, gerade und rundherum flüssig. Die Vorderläufe werden aus der Schulter heraus raumgreifend nach vorne bewegt. Bewegung der Hinterhand frei, kraftvoll und nahe nebeneinander. Sehr biegsame Knie- und Sprunggelenke und gut unter den Körper greifende Sprunggelenke bewirken den Schub. Steife, stelzige Bewegung der Hinterhand und Kuhhessigkeit höchst unerwünscht.

HAARKLEID

HAAR Doppeltes Haarkleid. Das Deckhaar besteht aus ca. 5 cm langem, harschem Haar ohne jegliches Zeichen von Locken. Unterwolle pelzartig, kurz, weich und dicht. Offenes Haar äußerst unerwünscht.

FARBE Weiß.

GRÖSSE

Schulterhöhe ca. 28 cm (11 ins.).

FEHLER

Jede Abweichung von den vorgenannten Punkten sollte als Fehler angesehen werden, dessen Bewertung in genauem Verhältnis zum Grad der Abweichung stehen sollte.

N.B.

Rüden sollten zwei offensichtlich normal entwickelte Hoden aufweisen, die sich vollständig im Hodensack befinden.

Zum Weiterlesen

Beck, Peter: Das Beste für meinen Hund. Stuttgart 1995.

Becvar, Dr. Wolfgang: Naturheilkunde für Hunde. Stuttgart 1994.

Brehm, Dr. Helga: Hundekrankheiten. Stuttgart 1995.

Dennis, D. Mary: The West Highland White Terrier. London 1967.

Durst-Benning, Petra und Carola Kusch: Der große Spiele-Spaß für Hunde. Stuttgart 1997.

Durst-Benning, Petra: Kräuterapotheke für Hunde. Stuttgart 1998.

Faherty, Ruth: Westies from head to tail. Colorado 1981.

Feddersen-Petersen, Dr. Dorit: Hundepsychologie. Stuttgart 1989.

Flamang, Inga: Westie. Stuttgart 1997.

Hands, Barbara: All about the West Highland White Terrier. London 1987.

Harries, Brigitte, Hundesprache verstehen. Stuttgart 1998.

Harries, Brigitte: ein Welpe kommt ins Haus. Stuttgart 1995.

Hertrich, Hans-Günter: Hundespaß Agility. Stuttgart 1998.

Jones, Renate: Welpenschule leichtgemacht. Stuttgart 1997.

Kejcz, Yvonne: So sag ich's meinem Hund. Stuttgart 1992.

Kejcz, Yvonne: Unser Hund wird alt. Stuttgart 1994.

Killick, Robert: West Highland White Terrier. An Owners Guide. London 1996.

Krämer, Eva-Maria: Das Kosmos-Hundebuch. Stuttgart 1995.

Lausberg, Frank: Erste Hilfe für den Hund. Stuttgart 1999.

Marvin, John T.: The Complete West Highland White Terrier. New York 1977.

Peper, Dr.Wilfried: Das Rasse-Portrait West Highland White Terrier. Mürlenbach 1987.

Pryor, Karen: Positiv verstärken, sanft erziehen. Stuttgart 1999.

Rakow, Dr. Barbara: Der homöopathische Hundedoktor. Stuttgart 1999.

Ross, John und Barbara McKinney: Hunde verstehen und richtig erziehen. Stuttgart1994.

Ross, John und Barbara McKinney: Welpen-Kindergarten. Stuttgart 1997.

Schmalfuß, Ute: Mein Hund. Stuttgart 1998.

Stein, Petra: Bachblüten für Hunde. Stuttgart 1997.

Tattersall, Derek: Westies Today. Herts 1992.

Tellington-Jones, Linda und Sybil Taylor: Der neue Weg im Umgang mit Tieren. Stuttgart 1993.

Tellington-Jones, Linda: Das Tellington-Training für Hunde. Stuttgart 1999.

Wright, Roger: West Highland White Terriers. An Owner's Companion. Wiltshire 1992.

Adressen

Verband für das Deutsche Hundewesen e.V. (VDH)
Westfalendamm 174
D-44141 Dortmund
Tel: 02 31 - 56 50 00
Fax: 02 31 - 59 24 42

Klub für Terrier (KFT)
Postfach 1328
D-65442 Kelsterbach
Tel: 06107 2365

Deutscher Hundesportverband e.V. (dhv)
Gustav-Sybrecht-Str. 42
D-44536 Lünen
Tel: 02 31 - 8 79 49
Fax: 02 31 - 8 77 08 13

Österreichischer West Highland White Terrier-Club
A-2294 Groissenbrunn 15
Tel: 02285 6735

Schweizer Club für Terrier
Postfach 168
CH-5430 Wettingen
Tel: 056 426 3355

IFTA Tier-Registrierung
Weiherstr. 8
D-88145 Hergatz

Abgabealter 18
Abholen 23
Afterkralle 114
Agility 96, 114
Ahnentafel 114
Aktivitäten, sportliche 96
Akupressur 67
Akupunktur 67
Alleinfutter 30, 114
alternative Heilmethoden
   66
andere Tiere 28
Angewohnheiten 14
Anschaffung 14
Apportieren 114
Atemwegserkrankungen
   60
Augenkrankheiten 59
Augenpflege 46
Aus 80
Ausbildung 72
Auslandsreise 92
Auslauf 17, 88
Ausstattung 15, 22
Ausstellungen 108
Austellungsausrüstung 111
Austellungstrimming 110

Bachblüten 67
Baden 40
Ballenpflege 46
Bandwürmer 57
Bedürfnisse 9
Begegnung mit Hunden 87
Begleithund 81
Beschreibung 6
Betteln 35
Beutetrieb 9, 114
Blasenentzündung 63
Bleib 80
Borreliose 55
Brüche 69
Büffelhautknochen 31
Bürsten 39

CAC 109, 114
CACIB 109, 114
Charakter 6 ff.
Colonel Malcolm 8
Craniomandibuläre
   Osteopathie 65

Deckhaar 38
Decktermin 103
Diät 33
Dominanz 18
Durchfall 63

Edwin Landseer 9
Effilierschere 42
Eigenschaften 9
Eingewöhnung 23
Einkaufsliste 22
Entwicklung 8
Entwurmung 56
Erbkrankheiten 65
Erbrechen 62
Ergänzungsfutter 31
Ernährung 30
Erste Hilfe 68
erste Nacht 25
Erwachsen werden 107
Erziehung 72

Familienhund 7,16
Fellpflege 38
Fieber 62
Flöhe 54
Flugreisen 92
Flyball 97
Freifolge 81
Früherziehung 75
FSME 55
Fuß 81
Futterplan, Welpe 34
Fütterung 33

Gebißpflege 47
Geburt 105

Genitalien 48
Geschichte 8, 9
gesunder Welpe 24
Gesundheit 50
Gewicht 35, 114
Grabmilben 56
Grasmilben 56
Größe 114
Grundausstattung 15, 22
Grundimmunisierung
   52

Haarbalgmilben 56
Haarkleid 38
Haarveränderungen 58
Haftpflichtversicherung
   15,28
Hakenwürmer 57
Halsband 22
Hängen 103
Hausapotheke 67
Hauterkrankungen 58
Heilkräuter 67
Heilmethoden, alternativ
   66
Herz 61
Hinterlassenschaften 86
Hitze 103
Hitzschlag 69
Homöopathie 66
Hornhautentzündung
   59
Hundekorb 22
Hundesport 96
Hundesteuer 15
Hündin 17
Hygiene 35

Impfplan 53
Impfung 51
Insektenstiche 70
Intelligenz 8

Jagd 9, 85

Kämmen 39
Kastration 53
Kauartikel 31
Kauf 19
Kaufentscheidung 14,15
Kaufvertrag 23
Kaufzeitpunkt 21
Kinder 7
Klub für Terrier 9,21
Kochen 30
Komm 76
Kommandos 74, 76ff.
Kosten 11, 14
Krallenpflege 47
Kreislauf 61

Läufigkeit 103
Leine 22
Leinenführigkeit 81
Leinenzwang 84
Lexikon 114
Lidfehlstellungen 59

Massage 68
Metöstrus 103
Meute 9
Milben 56
Milch, Milchprodukte 32
Motivation 72

Nacht, erste 25
Näpfe 22

Obedience 98
Ohrenpflege 45
Ohrmilben 56
Östrus 103

Paarung 103
Parasiten 54
Patellaluxation 65
Perthes 65

Pflegeplan 48
Pflegeutensilien 22
Pfotenpflege 46
Platz 78
Positive Verstärkung 75
Prägung 27
Prägungsphase 106
Proöstrus 103

Radfahren 89
Rassestandard 116
Raubzeugschärfe 9
Raufspiele 94
Rüde 17
Rudelführer 72
Ruhephase 34

Scheinträchtigkeit 53
Scheren 45
Schock 68
Schwimmen 89
Selbstbewußtsein 7
Sicherheit 11,17
Sichtzeichen 81
Sitz 77
Snacks 32
Sozialisierung 27, 88
Sozialisierungsphase 107
Spaziergang 17, 88
Spezialfutter 31
Spielen 93
Spielzeug 23
Spulwürmer 57
Standard 9
Steckbrief 7
Steh 79
Stubenreinheit 26

Temperament 7
Tierarzt 50
Tierpass 123
Trächtigkeit 104

Trennung auf Zeit 93
Trimmen 41
Trimmen, Austellung 109
Turniersport 97

Umwelt 10
Unfall 68
Unterordnung 73
Urlaub 12, 17, 91

VDH 21
Verantwortung 11
Verbände 21
Verbrennungen 70
Verdauung 36
Vergiftungen 70
Verletzungen 69
Versicherung 28
Verträglichkeit 9
Verwendung, ursprünglich
   9
Vollnahrung 30
Voraussetzungen, Zucht
   100

Wasser 32
Welpe, gesund 24
Welpenabgabe 23
Welpenentwicklung 106
Welpenspieltage 28
Wesen 7
Würmer 56

Zecken 23,54
Zeitaufwand 11,15
Zerrspiele 95
Zucht 100
Züchter 20
Zuchthündin 102
Zuchtzulassung 102
Zwinger 101
Zyklus 103

Bildnachweis
Baumgarten (S. 92), Berghäuser (S. 90), Erdmann (6: S. 52, 61, 87, 105,106, 108), Juniors Bildarchiv (2: Schanz: S. 51, 88), Krämer (17), Roppelt/ Sahara Werbeagentur (8: Kennfotos Kap. 2-7 und 9, S. 66), Rueger (6: S. 4/5, 11, 37, 83, 99, 124), Rühl/Kosmos (39: Kennfotos Kap.1 und 8, S. 1, 2/3 alle, 6, 7, 12, 13, 16, 21, 31, 33, 34, 36, 39, 41, 42, 44, 45, 46, 47, 57, 58, 63, 71, 77, 78, 80, 82, 97, 100, 107, 110, 113, 118, 123), Schanz (12: S. 10, 19, 23, 24, 26, 27, 29, 49, 73, 74, 85, 95), Schwenke (S. 102), Steiger (S. 98), Historisch (S. 8)

Zeichnungen von Milada Krautmann (S. 55, 116)

Umschlaggestaltung von Atelier Reichert, Stuttgart, unter Verwendung von 3 Farbfotos von Rueger (U1 groß) und Salata/ Kosmos (U1 klein, U4).

Mit 82 Farbfotos, 1 sw-Zeichnung und 1 Farbzeichnung.

Die Deutsche Bibliothek – CIP-Einheitsaufnahme

Berghäuser, Walter:
Westie : [West Highland White Terrier – Auswahl, Haltung, Erziehung, Beschäftigung] / Walter Berghäuser. – Stuttgart: Kosmos, 1999
(Praxiswissen Hund)
ISBN 3-440-07688-1

© 1999, Franckh-Kosmos Verlags-GmbH & Co., Stuttgart
Alle Rechte vorbehalten
ISBN 3-440-07688-1
Lektorat: Claudia Sträb
Projektleitung: Angela Beck
Grundlayout: Friedhelm Steinen-Broo, eSTUDIO CALAMAR
Herstellung: Kirsten Raue
Satz und Layout: Satz & mehr, Besigheim
Printed in Czech Republic / Imprimé en Républic tchèque
Druck und Binden: Těšínská Tiskárna, Český Těšín

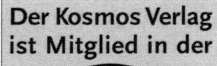

Hundepaß

NAME

GESCHLECHT

TÄTOWIERUNG

GEWORFEN AM

GEKAUFT AM

BESONDERE MERKMALE

WICHTIGE ADRESSEN

ZÜCHTER

TIERARZT

TIERÄRZTLICHER NOTDIENST

HUNDEVEREIN

HUNDEPENSION

ZOOFACHHANDLUNG

InfoLine

WALTER BERGHÄUSER

züchtet seit vielen Jahren erfolgreich Westies. Darüber hinaus ist er im Klub für Terrier (KfT) Betreuer für Westies, Zuchtwart für alle Terrierrassen, Landesgruppenzuchtwart in Hessen und Richter für 10 verschiedene Terrierrassen.

Sie können sich mit Ihren Fragen und Problemen an Walter Berghäuser wenden. Schreiben Sie an die »Hunde-InfoLine« (bitte mit Rückporto):

Kosmos Verlag
»Hunde-InfoLine«
Postfach 10 60 11
D - 70049 Stuttgart